我要去航海

王张华 编著

"科学起跑线"丛书

总主编 褚君浩

上海科普教育发展基金会资助项目
项目编号：B202109

Something

You Must Know

about

the Sea Voyage

上海教育出版社
SHANGHAI EDUCATIONAL
PUBLISHING HOUSE

丛书编委会

主　任：褚君浩

副主任：缪宏才　张文宏

总策划：刘　芳　张安庆

编　委：（以姓氏笔画为序）

王张华　王晓萍　王新宇　公雯雯　龙　华　白宏伟

宁彦锋　朱东来　庄晓明　孙时敏　李桂琴　李清奇

吴瑞龙　汪东旭　张拥军　周琛溢　茶文琼　袁　玲

高晶蓉　陶愉钦　鲁　婧　鲍若凡　戴雪玲

科学就是力量，推动经济社会发展。

从小学习科学知识、掌握科学方法、培养科学精神，将主导青少年一生的发展。

生命、物质、能量、信息、天地、海洋、宇宙，大自然的奥秘绚丽多彩。

人类社会经历了从机械化、电气化、信息化到当代开始智能化的时代。

科学技术、社会经济在蓬勃发展，时代在向你召唤，你准备好了吗？

"科学起跑线"丛书将引领你在科技的海洋中遨游，去欣赏宇宙之壮美，去感悟自然之规律，去体验技术之强大，从而开发你的聪明才智，激发你的创新动力！

这里要强调的是，在成长的过程中，你不仅要得到金子、得到知识，还要拥有点石成金的手指以及金子般的心灵，也就是培养一种方法、一种精神。对青少年来说，要培养科技创新素养，我认为八个字非常重要——勤奋、好奇、渐进、远志。勤奋就是要刻苦踏实，好奇就是要热爱科学、寻根究底，渐进就是要循序渐进、积累创新，远志就是要树立远大的志向。总之，青少年要培育飞翔的潜能，而培育飞翔的潜能有一个秘诀，那就是练就健康体魄、汲取外界养料、凝聚驱动力量、修炼内在素质、融入时代潮流。

本丛书正是以培养青少年的科技创新素养为宗旨，涵盖了生命起源、物质世界、宇宙起源、人工智能应用、机器人、无人驾驶、智能制造、航海科学、宇宙科学、人类与传染病、生命与健康等丰富的内容。让读者通过透视日常生活所见、天地自然现象、前沿科学技术，掌握科学知识，

激发探究科学的兴趣，培育科学观念和科学精神，形成科学思维的习惯；从小认识到世界是物质的、物质是运动的、事物是发展的、运动和发展的规律是可以掌握的、掌握的规律是可以为人类服务的，以及人类将不断地从必然王国向自由王国发展，实现稳步的可持续发展。

本丛书在科普中育人，通过介绍现代科学技术知识和科学家故事等内容，传播科学精神、科学方法、科学思想；在展现科学发现与技术发明的成果的同时，展现这一过程中的曲折、争论；并通过提出一些问题和设置动手操作环节，激发读者的好奇心，培养他们的实践能力。本丛书在编写上，充分考虑青少年的认知特点与阅读需求，保证科学的学习梯度；在语言上，尽量简洁流畅，生动活泼，力求做到科学性、知识性、趣味性、教育性相统一。

本丛书既可作为中小学生课外科普读物，也可为相关学科教师提供教学素材，更可以为所有感兴趣的读者提供科普精神食粮。

"科学起跑线"丛书，带领你奔向科学的殿堂，奔向美好的未来！

褚君浩

中国科学院院士

2020 年 7 月

　　科普是我长久以来一直很想做的一件事，所以当 2019 年下半年主编褚君浩先生通过我的同事段玉山教授找到我，希望我能写一本给孩子看的关于地球科学的科普书时，我毫不犹豫就答应了。我曾经对国外可以把科学研究的最新发现很快制作成引人入胜的动画电影感到不可思议。比如，奥斯卡提名经典动画电影《冰河世纪》里就出现了当时最新发表的气候变化理论：大约 8300 年前，由于全球气候变暖，在北美洲常年被皑皑冰雪覆盖的区域的边缘，一个由冰川融水形成的大湖有一天突然溃坝，大量的冰川融水注入大西洋，触发了一次历时约 200 年的全球气候变冷事件。当初陪女儿看这部动画片时，我十分惊讶：为什么那些动画制作公司能够如此迅速地理解最新的科学研究成果？后米了解到，在西方的很多大学，艺术与科学往往在同一个学院，而科普工作正是将两者相连的重要纽带。

　　科学的世界十分有趣，尤其对那些充满好奇心的人来说。而好奇心，是我们人类与生俱来的能力。我清楚地记得，幼时第一次独自手脚并用倒退着爬下自家门口的一个土坡（其实才大概半米高），抬头喘息时惊喜地发现，原来除了自己家，外面还有这么大一个世界，心中顿时萌生了探索的欲望，这是我能够回想起来的最早的记忆。相信每位父母也都曾惊讶或正在惊讶于孩子脑中的无数个"为什么"，有的父母甚至还记得自己小时候也有很多"为什么"。若一个人能始终保持这种好奇心，那么他的一辈子就不会过得枯燥，这世上的一切都将深深地吸引他去探索。鉴于上述对好奇心的理解，我编写本书的目的并不是要传授多少科学知识，而是希望孩子们通过本书，能对我们赖以生存的地球，以及人类社会和地球环境的关系产生更多兴趣。

提升科学思维能力很重要，是我指导了几十位研究生之后的另一深刻体会。我们过去的基础教育对学生科学思维能力的培养是不够的。因此，在本书的编写过程中，除了展现一些基本原理之外，我努力收集各种科学新发现，尽量用数据和事实说话，希望孩子们通过阅读事实，形成自己的观点，同时我也注意介绍获得科学知识的方法和过程。本书还有一节特别的内容——"达尔文也是航海家"，讲述了是什么原因让达尔文——而不是同行的其他人——在环球航海后，对当时主流的宗教思想产生怀疑，并写出《物种起源》这本巨著，成为进化论的奠基人。

另外，本书的编写恰逢新冠疫情暴发并造成世界大流行，我每天一边写稿，一边为疫情忧心，多希望自己也能作点贡献。因此，我调整了部分写作计划，增加了生态环境科学知识在书中的分量，并介绍了部分流行疾病与人类活动导致的生态环境变化之间的关系。

本书的编写得到了很多朋友的帮助。感谢浙江省宁波文物考古研究所雷少，上海博物馆考古部黄翔，中国科学院测量与地球物理研究所郝晓光，中国航海博物馆武世刚，自然资源部第二海洋研究所吴自银，华东理工大学易瑀之，华东师范大学沈芳、刘东艳、蒋雪中，复旦大学王哲，宁波摄影家赖钟鸣，他们积极地为本书提供了照片、资料，并就书中的内容提出建议。感谢我的学生唐亮、吕晔、时硕帮忙绘制了部分草图，吕晔还对书中的内容提出了很好的建议。感谢我的好朋友杨梅平和寿月芳，我每写完一部分就请她们阅读；在杨梅平的建议下，我调整了全书的内容编排，从原来按学科方式改为以航海历史为线索，希望可以降低阅读难度，提高孩子们的阅读兴趣。感谢我的女儿邓子青帮忙绘制漫画。还要感谢黄驰宇、何卓然两位小朋友对本书的宝贵建议，特别要感谢黄驰宇小朋友对本书的肯定和鼓励。感谢上海教育出版社周琛溢编辑，她为这本书的出版付出了大量心血。由于编写时间和水平有限，书中难免有疏漏之处，恳请读者批评指正。

王张华

2021 年 7 月

目录

约公元前 6000 年
跨湖桥出现"中华第一舟"

约公元前 3500 年
中国东南沿海史前古人向太平洋众多岛屿迁徙，最终形成南岛人

约公元前 110 年
汉武帝开辟海上丝绸之路

公元前 214 年（秦朝）
修通灵渠，连接长江和珠江水系

公元 971 年
宋太祖在广州设立市舶司，管理对外贸易

公元 785 年
唐使杨良瑶航海至黑衣大食（今伊拉克）

公元 411 年
东晋高僧法显从斯里兰卡乘坐商船回国

1330 年
布衣航海家汪大渊从泉州搭乘商船出海远航

1405—1433 年
郑和七次下西洋

1487 年
迪亚士发现非洲好望角

1498 年
达伽马绕过好望角进入印度洋

1492 年
哥伦布到达中美洲

17 世纪中期
荷兰成为"海上马车夫"

1519—1522 年
麦哲伦实现环球航行

17 世纪末—18 世纪初
英国成为新的海上霸主

1609 年
格劳秀斯发表《海洋自由论》

1725—1741 年
发现白令海峡

1737 年
约翰·哈里森发明第一台航海钟

1854 年
探险家首次完成北极西北航道航行

1831—1836 年
达尔文乘坐贝格尔号环球航行

1878—1879 年
芬兰航海家诺登舍尔德走通北极东北航道

2017 年
"雪龙"号首次成功试航北极西北航道

2012 年
"雪龙"号首次成功穿越北极东北航道，完成跨越北冰洋航行

1967 年
苏联的一艘货轮首次从法国经东北航道到达日本横滨

引言：人类为什么要去航海

你将了解：

地球表面大部分都被海水覆盖

古人对海洋的了解和利用远超你的想象

地球是个大水球

"地球是个超级大水球！"地理老师可能会这么告诉你。他们说得没错，光看地球表面，海洋面积远远大于陆地面积。

地球上的陆地和海洋总面积约 5.1 亿平方公里，其中海洋面积约 3.61 亿平方公里，占全球总面积的 71%，陆地面积约 1.49 亿平方公里，占全球总面积的 29%。

这些陆地和海洋被分为七大洲、四大洋。不过，大约 20 年前出现了一个新概念——南大洋，即围绕南极洲的海洋。因为随着科学技术的发展，人类对南极洲的探索日益频繁，而去南极必须要穿越这片海洋。从地图上看，南大洋把南极洲包围起来，相当于把覆盖南极洲的冰雪也包围起来；这些冰雪一旦融化，只有先通过南大洋，才能与世界其他地区发生联系。如此说来，把南大洋从印度洋、太平洋和大西洋的南部延伸区域中独立出来，也很有道理。

2021 年 6 月 8 日世界海洋日这天，美国国家地理学会正式承认南大洋为第五大洋。同学们，请在地球仪上找一找南大洋。

1

这张"太空视角"的地球照片由阿波罗 17 号太空船船员拍摄于 1972 年 12 月 7 日。当时太空船离地球 45000 公里,背向太阳,地球看起来就像小孩玩的弹珠,因此得名"蓝色弹珠"(Blue Marble)。这是人类最近一次在太空中远眺母星。

如今,人类的足迹已遍布世界各大洋,就连靠近南、北两极的冰封海域也出现了破冰船的踪影。人们通过航海连接世界各大陆,交换各地产出的货物,使中国人能够吃到加拿大多春鱼,英国人能够用上华为手机。世界各国的科学家也在海洋里投放了大量监测仪器,研究海洋环境和海洋生物,分析海洋环境变化对人类生存的影响。

不过,这里得先提出一个最基本的问题:人类怎么知道地球上有那么大的海洋面积?

你也许会说,宇航员从太空中看到的地球正是一个蓝色的"水球"。

可在宇航员出现之前呢?

在很早很早以前,我们人类就知道地球表面大约 70% 都是海洋吗?我们人类是什么时候知道这件事的,又是怎么知道的呢?

古人对海洋的了解和利用

唐代诗人王勃有一句广为流传的诗句:"海内存知己,天涯若比邻。""海内"是什么意思?从字面上看,就是四海之内,即全国各地,指的就是陆地被大海包围。那么中国人是什么时候认识到"陆地被海洋包围"这一事实的呢?也许,我们可以看一看上古传说《山海经》。

我们今天看到的《山海经》由《山经》和《海经》组成。《山经》记载华夏各地的山川,由大约两千年前的西汉经学家刘歆为朝廷整理所得。在此之前,刘歆的父亲刘向也为朝廷整理了《海经》十三篇,包括《海外南经》《海外西经》《海外北经》《海外东经》《海内南经》《海内西经》《海内北经》《海内东经》《大荒南经》《大荒西经》《大荒北经》《大荒东经》和《海内经》。

刘歆认为,《山海经》最初由大禹率伯益走遍华夏九州、四海绝域,一边治水一边考察记录而成。

如果《山海经》真的源自大禹治水的上古时代,那就说明我国古人早在上古时代就已清楚地认识到"陆地外围是海洋,海洋过去还有陆地",所以才有"海内""海外"的说法。

上古时代指文字记载出现以前的历史时代。我国的上古时代一般指夏朝以前,即早于大约 4000 年前的人类历史时期。虽然《史记》对《山海经》里的内容有少量记述,但因为其中的人物和事件还没有得到考古学的验证,或尚未与当前的考古新发现建立严格的对应关系,所以那个时代的人物和事件都以神话的形式流传。

大约 4000 年前的古人真的已经知道有海内、海外吗？

答案是肯定的。考古学家们发现，在我国浙江省杭州市的北面，距离杭州大约 18 公里的余杭区瓶窑镇，有一座良渚古城，它由大约 5000 年前的良渚古人建造。不过，良渚古人可不仅仅生活在瓶窑镇这一带，在位于长江三角洲南部平原上的环太湖地区和杭州湾南岸已发现了大量良渚古人的居住点。令人感兴趣的是，在舟山群岛也发现了不少良渚古人的居住遗址。

2018 年 10 月 22 日，中国港口博物馆微信公众号发布了一则新闻：今日上午，第二届中国考古学大会在四川成都开幕。大会公布中国考古界最高奖"田野考古奖"评选结果，大榭史前制盐遗址考古发掘项目获评 2016—2017 年度全国"田野考古奖"二等奖。

新闻中还提到：在大榭遗址二期遗存中首次发现了我国沿海地区制造海盐的最早证据。……为探索我国海盐手工业的起源和发展，以及浙东沿海地区的交通、贸易和社会复杂化等重要课题提供了实证，奠定了基础。

下面这张照片中的盐灶遗存就是史前古人煮盐的地方。因为年代久远，煮盐的灶已不复存在，但原来长期烧火形成的炉膛底下及旁边的红烧土——灶坑遗迹，仍然埋藏在地下。当考古学家仔细地清理掉表层的土壤后，这些 4000 多年前的灶坑重露真容。由于发掘出的多个灶坑排列在一起，因此称为盐灶群。除了发现盐灶群遗存，考古学家还在这一遗址发现了大量制作海盐的工具。

古人为什么住在岛屿上？他们和住在大陆上的居民有交流吗？

大榭遗址位于浙江省宁波市的大榭岛，史前人类在这里居住和活动的时间为距今大约 4800—4000 年前，在距今大约 4400—4000 年前，这是一个海盐手工业作坊。

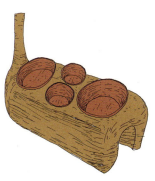

浙江省宁波市大榭史前制盐遗址的盐灶群遗存航拍（左）和史前盐灶复原图（右），红圈内均为盐灶遗存，东部的盐灶规模明显变大（照片和复原图均由浙江省宁波文物考古研究所雷少提供）

传承至今的海盐制作工艺：煮海歌——象山土盐的烧制（赖钟鸣／摄）

大榭史前制盐遗址的发现，是历史文献中记载的"煮海为盐"的有力证据。由此可见，我国古人不仅在上古时代就认识海洋，还会利用海洋。根据遗址发掘出的多个盐灶群现象，考古学家认为史前古人在大榭制造海盐，并不只是为了满足自己的日常生活所需。既然大榭遗址是一个制盐手工业遗址，这说明古人制造的海盐也供应大陆其他居住点。

那么，4000 多年前的古人是怎么来到大榭岛，又是怎么把盐运回大陆的呢？

大榭遗址、大榭岛及宁波平原示意图

从地图上看，大榭岛与大陆的距离非常近，最近的地方只有大约 450 米。今天，有两座大桥连接大榭岛和大陆，但是上古时代可没有跨海大桥，古人是怎么上岛的呢？

想象一下：1 米宽的小河沟，跳一下就可以跨越；5 米宽的河，砍一棵大树或者砍几棵毛竹，用树干、竹竿架桥，也可以过去；但是超过 450 米宽的海面，除了游泳、划船，还能怎么过去呢？

我要去航海

　　难道 4000 多年前的古人已经学会海上航行了吗？没错，古人的航海能力远远超出我们的想象，早在几千年前，他们可能就已经驾驶独木舟帆船远航太平洋了。

　　人类，是大自然之子。也许正因为如此，在过去数千年，人类能够依循自然规律，通过航海将世界各个角落连接起来，使中国人生产的陶瓷、丝绸跨越印度洋到达非洲和欧洲，使原产于南美洲的农作物成为亚洲人和欧洲人的食物。简言之，航海推动了世界各地人类文明的快速发展，使人类社会最终走向地球村。

　　但是，人类也可能因为无知，或受利益驱使，在航海的过程中极大地改变了地球自然环境，打破了生态平衡，引发全球气候变化，导致物种大灭绝。这些事情是怎么发生的？因为航海活动，人类现在面临哪些挑战？为了回答这些问题，本书将分三个阶段，讲述与人类航海相关的一些地球科学、生态科学基础知识和科学新发现，以及航海活动与人类社会演变、科技发展的关系。

广西合浦南流江入海口是汉朝海上丝绸之路的始发港之一

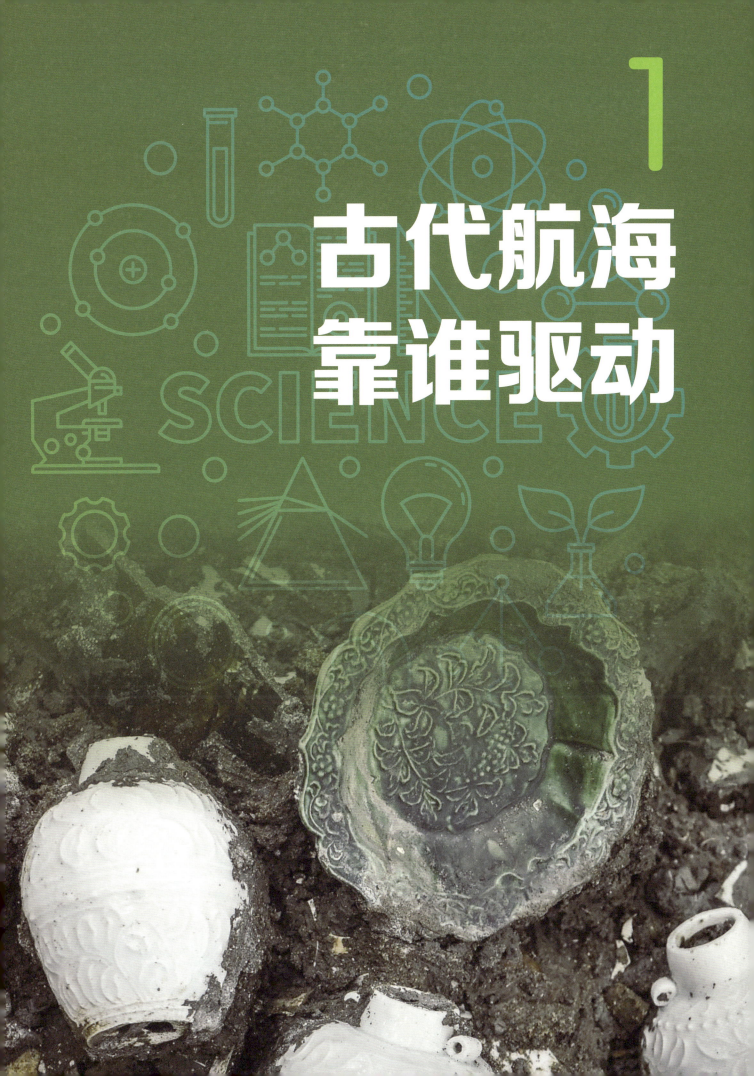

1

古代航海
靠谁驱动

史前古人的航海技术

你将了解：

一条约 8000 年前的独木舟

史前古人驾驶独木舟扬帆远航太平洋

南岛人起源于中国东部沿海

碳 14 测年，是利用放射性同位素 ^{14}C 的衰变特征计算物质年龄的一种测量方法。^{14}C 的半衰期为 5568 年，即每经过 5568 年，该放射性元素的原子核有一半发生衰变。放射性同位素 ^{14}C，产生于宇宙射线与地球大气上层的相互作用，可在空气中迅速氧化形成二氧化碳。地球上的动植物生命体从二氧化碳中吸收 ^{14}C 直到死亡，因此通过了解动植物中残留的 ^{14}C 含量，可知道它们的死亡年龄。

跨湖桥遗址的惊人发现

从考古发现来看，在我国东部沿海地区曾出现了一个比良渚古人早 3000 多年的新石器时代，那时候的古人就掌握了在海上航行的技术。

2002 年，在浙江省杭州市萧山一处名叫跨湖桥的新石器时代遗址的发掘过程中，考古学家们在挖到地面以下 6 米多深时，发现了一艘独木舟残体。独木舟周围有许多经过加工但尚未使用的木料，附近还有木桨、木桩和石锛（bēn）、石凿、石斧、石锤等制作工具。经过碳 14 测年，考古学家认为这条独木舟属于距今大约 7800 年前的跨湖桥人。

残存的独木舟长 5.6 米，头部宽 29 厘米，以一定的弧度向舟体方向变宽至 52 厘米，估计这就是舟体的基本宽度。舟头下

跨湖桥独木舟刚出土时的照片，包括舟头（左下）和木桨（右下）（《跨湖桥》文物出版社）

底面以圆弧的形式上翘。舟体底部与侧舷的厚度均为 2.5 厘米左右。独木舟通体光滑，舟体弧收面及底部上翘面等部位十分光洁，火焦面也十分平整，这应该是独木舟在长期使用过程中反复摩擦的结果，因此可推测出这是一艘使用过的旧船。

在独木舟附近还发现了一块席状编织物，呈梯形，较宽处为 60 厘米，较窄处约 50 厘米，较宽一侧有木条被编织其中。考古学家认为这块席状编织物很有可能是独木舟的船帆，木条则是用来固定船帆的框架。由于这种船帆和夏威夷土著居民今天还在使用的独木舟上的帆十分相似，因此考古学家认为这条独木舟用于海上航行。另外还有一条十分重要的信息——在独木舟右侧发现了一条木板，它的长度是独木舟的一半左右，这又与今天南太平洋海岛土著居民使用的边架艇组成十分相似。最终，考古学家推测得出，跨湖桥遗址发现的这条独木舟很有可能是一条设帆的边架艇。

火焦面，指被火烧焦的木板表面。根据火焦面推测，这条独木舟是用火焦法制成的。所谓火焦法，是指先在一块整木上确定舟的大致形状，要保留的部分用湿泥保护，需要剔除的部分用火烧，烧完后用石器把炭化层一层层刮掉，因此留下火焦面。跨湖桥独木舟舟体的厚度才 2.5 厘米左右，可见史前古人造船工艺之精良。

想了解更多有关跨湖桥的秘密，可观看 CCTV 纪录片《跨湖桥——未了的迷局》。

跨湖桥独木舟旁边的席状编织物刚出土时的照片（左）和手绘（右），请注意其中的木质条骨
（《跨湖桥》，文物出版社）

边架艇和南岛人

南岛人或南岛语族人，指分布在南太平洋到印度洋的上百个岛国的土著居民，约有2.7亿人。他们的语言有1000至1200多种，被统称为南岛语系。

今天，南岛人使用的边架艇，也就是在一条独木舟上捆扎几根横木，在这些横木的一头或两头，顺着独木舟方向，捆绑一根浮木。这根浮木可增加独木舟在海上航行时的稳定性，尺寸一般是独木舟的二分之一左右。

南太平洋岛屿土著的双边架艇帆船，能够在浩瀚的太平洋破浪前行。

"亚洲第一舟"首次完成复制并成功试航

中国航海日来临之际，拥有约 8000 年历史的"跨湖桥独木舟"在福建东山完成首次复原试制，并下海成功试航。

"跨湖桥独木舟"因 2002 年出土于中国杭州萧山跨湖桥遗址而命名，它是中国乃至亚洲考古发现现存最古老的独木舟，故有"中华第一舟""亚洲第一舟"之美誉。

此次下海试航的"跨湖桥独木舟"分为"单体式"和"单边架式"两种舟体形制，它们的复原试制、试航成功，从实验考古学的角度验证了中国航海文明史至少可上溯至距今 8000 年的新石器时代，同时也为"中华民族是世界上历史最为悠久的航海民族之一"的学术观点提供了最早的关键证据。

该独木舟的复原形制结构设计参考了跨湖桥独木舟的出土状况，并结合学术研究过程中最新发现的一块跨湖桥遗址陶器上的疑似船形纹饰图案进行设计。在复原材料方面，未使用任何金属材料，全部使用木、竹、芦苇、蒲草等原始的天然材料。

2002 年跨湖桥独木舟出土后，多位专家学者认为，"跨湖桥独木舟"很可能是一艘具有边架结构的复合型独木舟，而具有边架结构的复合型独木舟是广泛分布于太平洋和印度洋的"南岛人"独特的航海工具。因此，此次边架式跨湖桥独木舟的复原试制开启了"边架式复合型独木舟起源于中国"的学术研究及探讨，同时也为"南岛人起源于中国"之学术观点在航海工具方面提供了新的可能证据。

（中国新闻网，2015 年 7 月 11 日）

这次下海试航结束后，《钱江晚报》报道：单体式独木舟，即一艘独木舟不添加其他结构部件，但是，使用单体式独木舟航海，抗风浪能力差，较易侧翻倾覆。而单边架式独木舟，是在独木舟的一侧，增加了一根同向浮材，并通过横杆与独木舟连接，具有很好的抗风浪、抗横摇侧翻的能力，可用于长距离航海。由此可见，边架艇帆船既克服了单体独木舟在风浪中容易横向摇曳甚至翻覆的缺点，又具备独木舟轻便、不需要木板拼接技术的优点，成为太平洋上稳定的远洋海船。这次下海试航证明，大约 8000 年前的跨湖桥人已经具有非凡的造船和航海能力。

 想一想

在内河航行用单体式独木舟还是边架艇？

我要去航海

斯里兰卡河边的传统渔船就是典型的单边架艇

 找一找

今天，在中国东部沿海已发现大量分布于岛屿上的新石器文化遗址。请在中国地图上找一找下列发现史前文化遗址的沿海岛屿，看一看有没有你熟悉的地方。

辽宁：长海县广鹿岛、大长山岛、獐子岛、海洋岛、小长山岛，距今6000—4000年。

山东：长岛县庙岛群岛，距今6500—3600年。

浙江舟山：定海、岱山、大衢、嵊泗等岛，距今7000—4000年。

福建：平潭岛、金门岛、东山岛，距今6000—4000年。

珠江三角洲：珠海淇澳岛、三灶岛、横琴岛、东澳岛、高栏列岛、荷包岛，深圳大铲岛、内伶仃岛，香港大屿岛，澳门九澳岛等，距今7000—4000年。

在中国东南部沿海地区也发现了史前古人航海的证据。比如广东省珠海高栏岛宝镜湾遗址，形成于大约4000年前。在该遗址发现了六幅石刻岩画，其中大坪石岩画东西长5米，南北长3.3—3.4米。岩画中央是一条大船，船头有龙头似的装饰，船前聚集着二十多个人物和少量的动物。船停在海岸边，旁边有多种手舞足蹈的人物形象，似乎描绘了人们在海边欢庆大船出海归来的场景。

根据多种证据，考古学家、语言学家和民族学家们认为，中国东部的史前古人除了沿海岸线迁移，可能还具备不可估量的远海、远洋航行能力。同时，他们提出了"南岛人起源于中国"这个观点，即我国东南沿海的史前先民首先横渡了台湾海峡，接着从台湾岛到达吕宋岛、菲律宾、马来群岛等，后来又向新西兰等南太平洋上的岛屿扩散。史前先民之所以具备这种远洋航行能力，在类似跨湖桥遗址中发现的这种设帆的边架艇肯定发挥了重要作用。

东亚新石器时代古人的迁移示意图。考古学家提出的东亚新石器时代古人的迁移和交流，显示古人在公元前3500年（即距今大约5500年前）到达台湾，又在公元前2000年到达吕宋岛，公元前2000—1500年到达马里亚纳群岛。

最新研究还发现：南美洲厄瓜多尔的椰子树，原本生长在菲律宾群岛上；而原产于南美洲、中美洲的甘薯，在大约1300年前就被带到了波利尼西亚广泛种植。据此推测，亚洲东南沿海的先民通过驾驶独木舟帆船扩散到辽阔的太平洋诸岛屿，在那些岛屿上定居之后，这些善于航海的先民甚至还频繁访问美洲。

有趣的是，这种航海技术一直延续到今天。在几乎整个南岛语族的分布范围内，配设船帆的边架艇独木舟（或双体独木舟）都是这些土著居民航海的主要工具。其中单边架艇独木舟（只在独木舟的一侧捆绑有浮木）广泛发现于太平洋上的波利尼西亚、密克罗尼西亚、美拉尼西亚、新几

内亚、印度尼西亚的一些岛屿，以及印度洋上的安达曼、尼科巴、尼亚斯、马尔代夫、马达加斯加和科摩罗群岛。

这批土著居民可能来自中国台湾或菲律宾北部

最早出现在浩瀚的南太平洋岛屿上的人类，被归属于拉皮塔文化，拉皮塔文化开始于3000多年前，曾经盛行于波利尼西亚大部分地区。关于这些拉皮塔人的来源，长期以来有两种观点。一种观点认为，大约3000年前东亚人在向辽阔的太平洋迁移的过程中，经过巴布亚新几内亚时，与大约4万年前就从南亚迁移到巴布亚新几内亚的土著人混血；另一种观点则认为，东亚人先到达这些岛屿，然后与巴布亚新几内亚人发生混血。

为解决这个问题，考古学家们在瓦努阿图和汤加两个拉皮塔文化遗址各发掘了三具和一具人类骸骨，瓦努阿图的遗址是大约3110—2740年前的拉皮塔人居住和活动的地方，汤加的遗址则属于大约2680—2340年前的拉皮塔人。他们从这四具人类骸骨中提取出DNA，和778个现代东亚人以及大洋洲人进行对比。结果发现，这些最早的瓦努阿图人和汤加人，与当今台湾土著，如阿美族和泰雅族等，以及菲律宾的卡纳克族有着共同的祖先。考古学家因此认为："今天的瓦努阿图人是东亚人的后裔。这些人从东亚渡海远航，在途中很可能绕过早在至少4万年前就已经有古人类定居的澳大利亚和巴布亚新几内亚等地。当他们到达瓦努阿图，发现这是一片无主之地时，就在此定居下来，成为瓦努阿图的第一批居民。"

（《自然》，2016年10月27日）

来自中国东部沿海地区的新石器时代古人为什么驾着独木舟边架艇航行前往浩瀚的太平洋？除了前文提到的获取海盐、海鱼等资源，是否还有别的原因？这一切目前尚无定论。同学们也可以想象一下，假如你生活在新石器时代的海边，眼前是变幻莫测的大海，天气晴好时还可以看到远处的海岛，你是否会产生一种想要去航海和探险的冲动呢？

海上丝绸之路

你将了解：

古代海上丝绸之路及国际贸易

考古实证古代海上丝绸之路的港口

我国历史上的航海活动

我国自夏朝以来，虽然经历了数千年以农业耕种为基础的大陆文化，但这期间的航海活动也十分频繁，历史文献中不乏反映古人航海能力的记载。

例如，春秋战国时期有一部编年体通史《竹书纪年》，其中记载夏朝的皇帝芒"命九夷，狩于海，获大鱼"，可见近 4000 年前的古人具有在海上捕猎大鱼的能力。西汉史学家刘向在《说苑·正谏》中提到"齐景公游于海上而乐之，六月不归"。齐景公在海上游玩的时间长达六个月，说明待在海船上相当舒适，如果没有高超的航海技术，这怎么可能实现？

又如西汉《尚书大传》卷五中记载，越裳氏使者在周成王时"献白雉"。东汉王充在《论衡》中也说，周朝的时候"越裳献白雉，倭人贡鬯（chàng）草"。我国民间还广泛流传着秦朝徐福东渡

> 九夷即东夷，指生活在中国东部渤海和黄海沿海地区的部落。

> 越裳在今越南北部，倭指现在的日本。鬯草则是一种香草。

白鹇脚强健，善于奔走。飞行也很有力，不过飞行仅短距离，不能持久。

的故事。这些历史记载和传说反映了西周至秦朝期间我国和越南、日本之间的海上交通。

自秦汉时期起，随着官方组织开辟了海上航道，我国的航海技术更加发达，并且发展成商船往来众多、贸易十分发达的海上丝绸之路。下面我们一起来看看与古代海上丝绸之路有关的一些重要港口、航海家、著作和地图。

广西合浦：西汉海上丝绸之路的始发港

随着国力的增强，西汉时期中国对国际贸易（与其他国家交换商品）的需求也迅速增长。传统的陆上贸易主要依靠骆驼商队，但是骆驼的运输能力比较弱，不能满足日益增长的贸易需求。于是汉武帝要求开辟海上贸易，并形成了三条重要的海上航线，分别是：从辽宁丹东至广西北仑河口的南北沿海航线，从山东沿岸经黄海通向朝鲜、日本的海外航线，以及始发于广东徐闻、广西合浦的海上丝绸之路。

 想一想

理想状态下，一只双峰骆驼最多可以驮 200 公斤货物，每天行进 50 公里；一只单峰骆驼最多可以驮 100 公斤货物，每天行进 60 公里。不过，实际运输效率要比这低很多。单峰骆驼一般可以驮 50 公斤货物，每天走 10 个小时，行进 30—40 公里，还需要每四天到绿洲补给水分。

在地图上查找古丝绸之路，并且估算一下：一个骆驼商队沿着丝绸之路运输 1 吨货物，从西汉首都长安（今陕西西安），经甘肃、新疆，到达伊朗首都德黑兰，大概需要多少只骆驼、多长时间？

汉朝海上丝绸之路的发展首先得益于秦朝灵渠的修通。当时，秦始皇为了征服岭南地区需要运输粮草，但是山路难行，因此他在广西桂林修建了中国第一条运河——灵渠。灵渠连接湘江和漓江，从而连通了长江水系和珠江水系，形成了从中国内陆到达南海北部的水上交通路线。

岭南，大致分布在今天的广东、广西、海南、澳门、香港，以及云南省东部和福建省西南部，因为有连绵不断的山脉与北方相隔，所以中原地区的人们比较难到达。

灵渠水系总览图。长江水系和珠江水系（包括那些支流）本来被东西连绵不断的南岭分隔，但后来秦始皇下令打通了湘江（属于长江水系）和漓江（属于珠江水系）的上游，通过灵渠（包括南渠和北渠）将两条河流连接起来，从此内陆地区运输物资的船舶可以从湘江经过灵渠，再经过漓江，到达岭南地区。

广西北海的合浦镇，是汉朝海上丝绸之路的始发港之一。《汉书·地理志》记载：自日南障塞（今越南顺化灵江口）、徐闻（今广东徐闻县）、合浦（今广西合浦县）船行可五月，有都元国（今苏门答腊）；又船行可四月，有邑卢没国（今缅甸勃固附近）；又船行可二十余日，有谌离国（今缅甸伊洛瓦底江沿岸）；步行可十余日，有夫甘都卢国（今缅甸伊洛瓦底江中游卑谬附近）；自夫甘都卢国船行可二月余，有黄支国（今印度马德拉斯附近）……黄支之南有已程不国（今斯里兰卡），汉之译使自此还矣。

在地图上找一找《汉书·地理志》记载中的地名，你就可以大致复盘西汉海上丝绸之路的航行路线啦！

根据以上记载推测，西汉海上丝绸之路的终点为斯里兰卡。以斯里兰卡为中转站，中国的丝绸被阿拉伯或波斯商人转运到欧洲的罗马，中国的商人则购买珍珠、壁琉璃（指古玻璃）等奇石异物。到了东汉，情况发生了变化，中国和罗马接通了东印度洋和西印度洋航线，从而略去了斯里兰卡这个中转站，双方直接进行贸易往来。

除了历史文献之外，考古学家也发现了不少证据。自20世纪50年代以来，考古学家们在合浦清理发掘了大约1000座汉朝墓葬，并出土了大量与海上丝绸之路有关的文物，其中很多出土器物来自海外，这证实了合浦是汉朝国际贸易的重要集散地。

东晋高僧法显和《佛国记》

唐玄奘法师到印度学佛的故事众所周知，不过鲜有人知道早在东晋，就有一位名为法显的僧人去天竺寻求戒律。公元399年，年近古稀的法显从长安出发，走陆路经过西域到达天竺。公元407年，法显学成，希望能将所学得的戒律"流通汉地"。因此他于公元411年8月搭乘商船从师子国（今斯里兰卡）启程归国。回国后，法显撰写了《佛国记》，这是中国历史上第一部关于远洋航行的纪实性文献。

法显在《佛国记》中记载自己从师子国启程，"即载商人大舶，上可有二百余人"，到达苏门答腊，停留5个月后再次启程，"复随他商人大舶上，亦二百许人，赍（jī）五十日粮"。法显归国途中，两次搭乘可载200来人及物资的商船，按每人体重50公斤计算，200来人就是约10000公斤（10吨），还要加上200来人50天的粮食及货物，东晋海上丝绸之路的船舶规模及贸易活动可见一斑。

山东省青岛市崂山华严游览区
法显雕像

唐朝贾耽的《广州通海夷道》

唐朝"安史之乱"后，西域战争多发，行走于陆上丝绸之路的骆驼商队受战争影响，逐渐不再活跃，海上航运因此成为唐朝对外交往的主要通道。这条长达1.4万公里的海上航线，在当时被称为"广州通海夷道"。

"广州通海夷道"是我国海上丝绸之路的最早叫法，也是当时世界上最长的远洋航线。通过这条航线，唐朝商船向东南亚、南亚、西亚、北非等沿海国家和地区输出丝绸、瓷器、茶叶、铜铁器，向国内则输入香料、花草等奇珍异宝。海上丝绸之路的开通，也吸引了大量阿拉伯、印度、环南海各国的商船来到中国。唐朝中央政府还因此在广州设立了市舶使（一种官职），专门管理对外航海贸易。

《广州通海夷道》，即唐朝一名叫贾耽的官员所著的《皇华四达记》中的一篇，专门记录了从海路前往黑衣大食首都缚达城（今伊拉克首都巴格达）的远洋航线。虽然《皇华四达记》现已失传，但《新唐书·地理志》转载了《广州通海夷道》。

> 汉语中的"夷"是外国的意思。海夷，相当于海外的国家。

> 试一试，根据下面这段文字，在地图上画出广州通海夷道的大致路线。

广州通海夷道（节选）

广州东南海行，二百里至屯门山（今香港屯门），乃帆风西行，二日至九州石（在今海南岛）。又南二日至象石。又西南三日行，至占不劳山，山在环王国东二百里海中。又南二日行至陵山。又一日行，至门毒国（今越南归仁）。又一日行，至古笪（dá）国（今越南芽庄）。又半日行，至奔陀浪洲。又两日行，到军突弄山。

又五日行至海硖（推测是马六甲海峡），蕃人谓之质，南北百里，北岸则罗越国（一般认为在今天马来半岛南部柔佛附近），南岸则佛逝国（今苏门答腊）。佛逝国，东水行四五日，至诃（hē）陵国，南中洲之最大者。又西出硖，三日至葛葛僧祇（zhī）国，在佛逝国西北隅之别岛，国人多钞暴，乘舶者畏惮之。其北岸则个罗国（可能在马来半岛克拉附近）。个罗西则歌谷罗国。又从葛葛僧祇四五日行，至胜邓洲（可能是苏门答腊岛的棉兰）。又西五日行，至婆露国。又六日行，至婆国伽蓝洲（今尼科巴群岛）。又北四日行，至师子国（今斯里兰卡），其北海岸距南天竺大岸百里。

我要去航海

杨良瑶神道碑

上述《广州通海夷道》节选因年代久远，关于其中一些古地名的具体位置，现在仍有争论。另外，当初记载或转载的内容也可能有误。比如，"北四日行，至师子国"的意思是向北航行四天，抵达斯里兰卡，但查看地图可知，斯里兰卡南面是广袤的印度洋，从南中国海（即南海）经马六甲海峡进入印度洋后，或向西行抵达斯里兰卡，或沿着孟加拉湾近海航行，也就是顺着印度东海岸自北向南到达斯里兰卡，不可能存在自南向北到达斯里兰卡的航线。

那么贾耽是怎么知道如此详细的航线的？这些记载是他本人的航海经历，还是转述他人的航行路线？贾耽在唐德宗贞元九年担任宰相，并在贞元二十年（公元804年）完成《皇华四达记》。据研究，他撰写的《广州通海夷道》极有可能与唐德宗时期杨良瑶出使大食国有关。

他才是"下西洋"第一人

20世纪80年代，在陕西省咸阳市泾阳县的一个小山村里出土了一块石碑，上面刻着密密麻麻的字。当地文物部门的研究人员根据石碑上刻着的"唐故杨府君神道之碑"九个大字推断，这应该是一座唐朝时期的神道碑。据史料记载，神道碑是立于墓前记载死者生平事迹的石碑。研究人员从碑文中得知，墓主人叫杨良瑶，出生于唐朝中期，曾于唐德宗时期以"聘国使"身份，携带判官、国信和诺书，率领外交使团，通过航海出使黑衣大食（今伊拉克等国家和地区）。

从历史文献记载推测，杨良瑶之所以于贞元元年（公元785年）出使黑衣大食，可能是出于唐朝当时政治军事的需要。天宝十四年（公元755年），崛起于青藏高原的吐蕃国夺取了长安至天山陆上丝绸之路的各城镇，对唐朝西域边疆造成军事压力。为了抵御吐蕃国，唐德宗制定了与大食、天竺等国结盟的政策。根据《唐会要》记载，公元786年，黑衣大食与吐蕃为劲敌，大半吐蕃兵去抵御西边的黑衣大食，大唐的边疆因此得以安定。

想一想

如果没有海上航线，唐朝和黑衣大食的结盟是否会变得十分困难？

20

宋朝的海外贸易

　　唐朝后期因北方多战乱，经济中心南移。到了宋朝，南方的经济已相当发达，尤其是东南沿海地区，对外贸易十分繁荣。在唐朝设立市舶使的基础上，宋朝在东南沿海设立了 8 个市舶司，其中一个市舶司设立在福建泉州港，古称刺桐港，是宋朝瓷器的重要出口海港。市舶司的收入是宋朝政府财政的重要来源，因此朝廷十分重视对外贸易，也同样重视造船业。

大宋海关知多少

　　你知道吗？宋朝也有一个和今天的海关差不多的机构，叫市舶司。市舶司的官员受命办理下列事务：

　　（1）检查入港船只，以实物征收舶税。先以实物扣除部分货物，然后适当除去关税和专利税。关税率不时波动，但一般来说固定在货物的十分之一左右。宋代后期，对贵重物品提高了税率。（2）以公用钱收买珍珠、玳瑁、犀角、钢制武器、黄铜、珊瑚、玛珈、乳香、象牙等特殊商品。其他货物官员们可随意购买，剩余货物可自由出卖给私商。（3）向已交纳关税的商人发放执照，准许他们在中国市场出售货物。（4）给外贸船只发放证书，准许它们离开中国。官员们必须确保中国船只从原发航港口返回。（5）鼓励外国商人来华，以增加海运贸易量。（6）执行不许铜钱和其他违禁品出口的禁令。（7）负责营救遇难船只，处理外商遗留的财产。

　　宋朝的造船和航海技术明显提升，能够直接横渡印度洋，因此到达东非、西亚和地中海沿岸的航程大大缩短。考古学家在东非、埃及、波斯湾、伊斯坦布尔、美索不达米亚、地中海东部沿岸、印度等地都发现了大量宋朝瓷器，这就是宋朝航海和对外贸易的实证。

后渚港沉船，位于福建泉州，为宋末沉船。

我要去航海

在中国东南沿海的近海海域，还曾发现了一些宋朝的沉船。1973 年 7 月，在福建泉州湾后渚港发掘出一艘宋末沉船，残余长度 24.4 米，残余宽度 9.15 米。船舱里出土了香料、药物、瓷器、皮革制品等文物。通过沉船上出土的瓷器，考古学家判断这条船在南宋景炎元年（公元 1276 年）前后沉没。这是一艘宋朝三桅木帆海船，属于我国古代四大船型之一的福船，具有结构坚固、抗风浪能力强、吃水深、稳定性好的特点；载重量约 200 吨，相当于唐朝一支 700 头骆驼组成的运输队的驮运重量。

"南海一号"也是一艘著名的宋朝沉船。这条沉船最初发现于 1987 年，沉没在广东省阳江川山群岛海域水深仅 23 米处，船身被近 2 米的淤泥所覆盖，船上出土了大量宋朝瓷器及生活用具。该沉船宽 9.5—10.6 米，残余长度 22 米，是宋朝中等规模的大船；尖底全木质结构，木材主要有马尾松和杉木；具有多个隔舱，含有水密舱设计。"南海一号"也是一条典型的福船，与泉州后渚港出土的古船相似。

想了解更多有关"南海一号"的信息，可观看 CCTV 纪录片《南海一号》（共 3 集）。

"南海一号"古沉船文物

据统计，"南海一号"装载了6万余件瓷器，它们多出自福建泉州德化窑、磁灶窑，浙江龙泉窑和江西景德镇，很多都属于国家一级、二级文物。另外，也有不少瓷器带有明显的异域风格，可见是宋朝接受海外订货的"来样加工"产品。沉船内不仅出现了一些当时阿拉伯国家流行的首饰和装饰物，还发现了两具眼镜蛇骨骸。以上种种，无不展示了宋朝海船制造和海外贸易的发达。

元朝布衣航海家汪大渊和《岛夷志略》

到了元朝，中国商人的航海能力和航海范围大增。当时有一位民间航海家叫汪大渊，祖籍江西南昌，从小在泉州长大，一生中曾两次航海远洋。他根据自己的航海经历撰写了《岛夷志》，称书中所记"皆身所游焉，耳目所亲见，传说之事则不载焉"。《岛夷志》在元末兵乱中大部分散失，所幸后来汪大渊回到故乡南昌，将其摘录成《岛夷志略》印刷发行，使这本书得以流传，并在清朝时被收入《四库全书》。

缩写后的《岛夷志略》记载了澳大利亚和亚洲、非洲的国家、地区220多个，对世界各地的地理环境、物产和文化习俗，甚至海外华侨都有记录，是非常重要的历史地理著作。当时的泉州商人认为澳大利亚是地球末端的岛屿，因此称之为"绝岛"。汪大渊在《岛夷志略》里不仅记录了澳大利亚土著人"茹毛饮血，巢居穴处"的生活方式，还记录了西北部达尔文港以东的沼泽和生长在海岸岩石上的牡蛎，是世界上首个介绍澳大利亚的历史地理文献。

 **找一找**

公元1330年，19岁的汪大渊从泉州搭乘商船出海远航，经过海南岛、占城（今越南中部）、马六甲、爪哇、苏门答腊、缅甸、印度、波斯、阿拉伯、埃及，横渡地中海到摩洛哥，再回到埃及；随后从红海到索马里、莫桑比克，横渡印度洋到斯里兰卡，然后经过苏门答腊、爪哇，到达澳大利亚；最后从澳大利亚北上，经过加里曼丹岛、菲律宾，返回泉州，历时五年。公元1337年，他再次从泉州出发，从南洋到阿拉伯海、波斯湾、红海、地中海、莫桑比克海峡等地，历时两年后回国。你能在地图上找到汪大渊的航迹吗？

明朝那些海图

明朝的远洋航海达到了我国古代航海史的巅峰，最著名的莫过于郑和七次下西洋。与此相关的书籍和资料很多，本书不再赘述，这里简单介绍一下《郑和航海图》。

《郑和航海图》以南京为起点，沿长江而下到达长江口，出海后沿中国东南的海岸线南下，再

南京市博物馆的郑和宝船模型

测深辨位，是郑和船队使用的多种定位方法之一，即根据测量绳入水长度和测深锤底部附着的泥沙，推测航道的水深，判断航行的转向点。

牵星术，是一种利用天上星宿的位置与高度来确定航海中船舶所处位置及航行方向的方法，其原理将在本书第52页进一步介绍。

沿中南半岛（即越南、柬埔寨、泰国等）、马来半岛海岸，穿越马六甲海峡，经锡兰山（今斯里兰卡）到达溜山国（今马尔代夫）。在马尔代夫分为两条航线：一条横渡印度洋到非洲东海岸；另一条渡过阿拉伯海到忽鲁谟斯（即霍尔木兹海峡，位于波斯湾口），随后进入波斯湾。

《郑和航海图》采用中国传统的山水画立体写景形式，对山岳、岛屿、桥梁、寺院，城市等进行描绘，看起来有点像现在的三维实景地图。图上共绘记了530多个地名，包括亚非海岸和30多个国家与地区；往返航线各有50多条，航线旁标注了针路（即航向）、更数（即航程）等导航定位数据；还用文字说明了转向点的位置和测深辨位点的水深，并在横渡印度洋的航线上注明了牵星数据（牵星术是古代重要的天文导航技术）。《郑和航海图》并不按照上北下南的方式绘制，而是顺着航线从右向左连贯绘制。

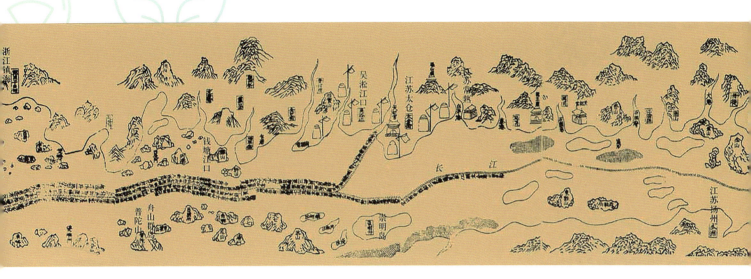

《郑和航海图》原名《自宝船厂开船从龙江关出水直抵外国诸番图》，呈一字型长卷，后收入《武备志》。

用这种方法绘制的航海图虽然各图幅方位不统一，但在航行中使用起来却更加方便。

　　除了《郑和航海图》，明朝还有两幅非常有影响力的地图，分别是《雪尔登中国地图》和《大明混一图》。

《雪尔登中国地图》入藏牛津大学始末

　　牛津大学鲍德林图书馆收藏了一幅中国明朝彩绘航海图，此图是英国律师雪尔登（Johan Selden）的遗物。在雪尔登死后，此图连同他的其他东方收集品于1659年被捐赠给鲍德林图书馆，因此被命名为雪尔登中国地图。雪尔登在1653年的遗嘱附件中特别提到"一幅在那里制作的中国地图，制作精美，彩色；还有一只由中国人制作的航海罗盘，上面有刻度"。

　　这幅海图纵向长158cm，横向宽96cm，上北下南，顶部有圆形的罗经表示24个方向，罗经下有一比例尺。海图北至西伯利亚，南至印度尼西亚，东有日本、琉球、菲律宾，向西到达印度洋东岸。地图上还具体标示了中国通往其他国家的海上航线，分别到达日本、菲律宾、泰国、马六甲等地。每一条航线上都注明了罗盘针标定的航向。印度洋地区没有绘制，但图上有文字说明，阐述了从印度西南岸港口前往波斯湾和阿拉伯半岛的航线。

　　这幅海图完整地呈现了渤海、黄海、东海和南海，对马六甲海峡、菲律宾等的绘制都非常准确。

雪尔登中国地图

　　《大明混一图》是现今所存中国人最早绘制的世界地图，据推测绘制于公元 1389 年，即明朝初期，现藏于中国第一历史档案馆，图幅尺寸为 386cm×456cm，是一幅大挂图。这幅世界地图以大明王朝版图为中心，东西范围从日本到欧洲，南北范围从爪哇到蒙古。令人瞩目的是，这幅地图对欧洲和非洲都进行了比较详细的绘制，对非洲南部好望角的描绘尤其准确，而同时期的欧洲人还不知道有好望角的存在。

　　在绘制《大明混一图》的同期，朝鲜也出现了一幅《混一疆理历代国都之图》。据考证，这幅地图是朝鲜根据两幅早期的中国地图混编而成，分别是李泽民于 1330 年绘制的《声教广被图》和清浚于 1370 年绘制的《混一疆理图》。1402 年经金士衡和李茂初步考订，由李荟详细校对，由权近补充朝鲜和日本部分，最后在绢上绘制成宽四尺（1.3 公尺）、长五尺（1.6 公尺）的新图。

混一疆理历代国都之图（龙谷大学图书馆藏）

我要去航海

该地图现存两份，均保存在日本。

其一是龙谷版，163cm×158cm，绘于 1402 年。壬辰战争时传到日本，深藏在日本京都西本愿寺，后来归西本愿寺创办的龙谷大学图书馆。

其二是本光寺版，280cm×220cm，江户时代的复刻本。1988 年发现于长崎县岛原市的本光寺。

托勒密世界地图。从图中可以看到，在当时欧洲人的认识里，非洲的南部为陆地，他们不知道有好望角的存在。

古代丝绸之路港口的考古实证

近些年，我国的考古学家们前往印度洋沿岸国家，与当地考古学家联合发掘出不少埋藏于地下的古代港口。在上文中，我们多次提到斯里兰卡。在古代海上贸易早期，斯里兰卡是中国和波斯湾、地中海沿岸国家进行贸易的重要中转站；后期，前往波斯湾、非洲东海岸以及红海—地中海的中国商船无不经过斯里兰卡，在那里停靠补给。下面将简单介绍中国考古学家与当地考古学家联合发掘的古代海上丝绸之路上的几处重要遗址。

斯里兰卡曼泰港遗址

作为印度洋航线上东西来往船只的必经之地，曼泰港遗址位于斯里兰卡西北角，是古代海上丝绸之路一个极为重要的港口。过去的考古发现，斯里兰卡在公元前 1000 多年还处于狩猎、采集的原始人时代，后来没有经过以陶器为特征的新石器时代，直接跨越到了铁器时代。由此可以推测，这种跨越式发展，应该是航海贸易带来外来文明的结果。

2018 年 12 月，我国四川大学考古系和斯里兰卡当地考古队员组建中斯联合考古队，对曼泰港遗址进行调查。调查发现曼泰港遗址的陶瓷类遗物多种多样且来源复杂，串联起了整个地中海—印度洋—太平洋地区，包括罗马陶器座、伊斯兰釉陶器、斯里兰卡本地及印度南部陶器、中国瓷器，以及产自东南亚地区的陶

曼泰港遗址是印度洋上的中国古代贸易中心。

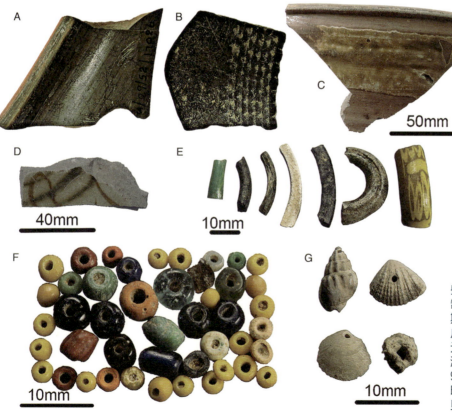

曼泰港遗址出土的一些小器物。A-B：印度轮制陶器残片（公元 1 世纪晚期—3 世纪早期）；C：中国广东地区窑口陶器碎片（公元 7—10 世纪）；D：中国湖南长沙窑陶器碎片（公元 9 世纪）；E：镯子残块；F：印太地区的各种珠子；G：贝壳吊坠。

器，由此可知曾有来自地中海、波斯湾、东南亚和中国的商人到达曼泰港从事贸易活动。这些来源多样的陶瓷，有力地证明了曼泰港长期处于海上丝绸之路印度洋东西航线的枢纽地位。

这次调查所见的中国瓷器，年代相当于晚唐、五代十国、北宋初期的 9—10 世纪，类型涵盖中国各地，如浙江的越窑青瓷、湖南长沙的青釉彩瓷、河北邢窑和河南巩县窑等北方白瓷和白釉绿彩器，还有广东的青瓷，这充分说明了公元 9—10 世纪中国商人的航海能力之强和对外贸易的繁荣。

斯里兰卡阿莱皮蒂遗址

阿莱皮蒂遗址位于斯里兰卡北部的重要港口城市贾夫纳地区。贾夫纳地区与印度大陆隔海相望，据文献记载，这里有斯里兰卡最早的港口。

由上海博物馆和斯里兰卡当地考古队员组成的中斯联合考古队，在 2018 年 8 月对阿莱皮蒂遗址进行发掘，在 92.4 平方米的发掘面积里共出土 650 多片陶瓷，其中超过 600 片来自中国，可见到达这个港口的中国商船之多。经过考古学家的鉴定，这些中国瓷片的年代在 11 世纪下半叶至 12 世纪初，相当于北宋后期，主要产自中国东南沿海的广东及福建地区，另外还有少量产自北方的耀州窑（位于陕西省铜川市）。

沙特阿拉伯塞林港遗址

塞林港位于阿拉伯半岛西南部、红海沿岸，往北即著名的吉达港。据阿拉伯文献记载，塞林港在 9—13 世纪进入繁荣期。

2018 年，中沙联合考古队在该遗址发掘出十分丰富的文物，包括铜砝码、青金石、玛瑙、象牙制品、钱币等，还有阿拉伯石器、波斯釉陶和来自中国的瓷器。其中宋元时期的龙泉青瓷和景德镇的青白瓷、明清时期的青花瓷，证明了中国瓷器自宋朝就远销红海。这次联合考古成果还登上了央视《朝闻天下》节目。

中沙水下考古队员还通过海底调查、采样，在遗址南侧确认一处可供泊船的古港湾，并找到了古代船只进出港湾的航道。

宋朝陶罐，出土于阿莱皮蒂遗址（由上海博物馆提供）

中国与肯尼亚的联合考古发现

2010—2012 年，北京大学的考古学家们多次前往非洲肯尼亚，对其沿海地区 37 处古代遗址中出土的中国瓷器进行调研，共整理出中国古代输往东非的瓷器 9552 件（片）。在对这些瓷器进行鉴定之后，考古学家们得出结论：中国瓷器自公元 9 世纪以来就连续不断地输入东非地区。

关于这次考古发现，有兴趣的同学可观看 CCTV 纪录片《发现肯尼亚》。

肯尼亚小岛上有"中国人的后裔"

在位于肯尼亚东部沿岸的拉穆群岛流传着这样一个传说：郑和船队中的一艘船遇到风暴在拉穆群岛附近海域沉没，幸存的水手游到岛上定居下来，并与当地人通婚、繁衍生息，岛上的一些居民因此自称是"中国人的后裔"。

刚刚，这个传说，得到一个重要考古证据。

在肯尼亚拉穆郡曼达岛 28 至 30 日举行的首届"古今中国与东非联系国际论坛"上，由中国、美国和肯尼亚专家组成的联合考古队宣布在曼达岛发现了具有中国血缘的三具人骨遗骸，其中一人可能生活在郑和下西洋的时代。

三具人骨分别出自不同的墓葬，分布于城镇不同的区域。

在曼达岛发现的这些人骨遗骸，具有东亚人独有的铲形门齿，同时经 DNA（脱氧核糖核酸）技术鉴定，均具有中国血缘。

利用碳 14 测年技术所得结果显示，在三具人骨遗骸中，其中一人生活的时间与郑和下西洋的时代基本吻合，另外两人生活的时代则相对稍晚。

根据中国史书记载，郑和率船队在 15 世纪七下"西洋"，先后访问了亚洲和非洲的三十多个国家，最远到达非洲东岸的麻林地（今肯尼亚的马林迪）和慢八撒（今肯尼亚的蒙巴萨），与拉穆岛一水之隔的曼达岛正处于这条航线的必经之路上。

联合考古队于 2012 年 12 月在曼达岛工地进行了首次考古挖掘。除了人骨以外，考古队还发现了古代城市遗址以及不同时期的中国陶瓷、中国料珠、明永乐通宝钱币等。

（新华社，2017 年 7 月 31 日）

等待贸易风

你将了解：

古人主要借助风和洋流作为航海动力

信风、季风和洋流的基本形成原理

　　傅升、傅斗的爹原来是做海运生意的……五个人都被带到浮桥一所大房子里。这房子一头靠街，远远的那一头贴海河。敞开的楼门就是码头。海船一到，众人便往大屋里装东西，大米、豆子、盐、椰子、棕毛、油料、鱼干、鱿鱼干……

　　（苏）国重对（张）序子说："再过把个月，贸易风来了，你会看到满帆大船海上回来。"

　　这是我国著名画家黄永玉在他的自传体小说《无愁河的浪荡汉子》中，描述主人公张序子在某年春天刚到福建泉州同学傅升、傅斗家的情景。从书中苏国重的描述可知，大帆船到达泉州的时间和贸易风有关。的确，福建泉州自古以来就是重要的国际贸易港口，在古代有很多远洋航行的中国商船从泉州出发，也有很多海外来的商船到泉州进行贸易。

　　宋朝一名叫王十朋的泉州太守在他写的《提舶生日诗》中说："北风航海南风回，远物来输商贾乐。"这句诗的意思是：刮北风的时候，商船从泉州港出发；刮南风的时候，商船回到泉州港。从中还可以看到，在泉州，一年里既有刮北风的季节，也有刮南风的季节。

　　在驾驶帆船航海的时代，风是最重要的动力。由于古代泉州港的经济和百姓的生存高度依赖于海外贸易，因此相传从唐朝起泉州民间就有"祈风"活动，官方举行"祈风"活动则始于宋朝。

刻在山崖上的风

南安九日山，是福建泉州有名的旅游景点。该景点最大的特色是保存了宋元明清的大量摩崖石刻，其中有十余处记录的是宋朝泉州市舶司（管理海外贸易的一个官方机构）的祈风活动。九日山是宋朝官方祈风的主要地点。根据历史文献记载，这里每年举行两次祈风活动，一次是农历四月的"祷回舶南风"（回舶，即返回泉州的商船），另一次是农历十一月前后的"遣舶祈风"（遣舶，即从泉州出发的商船）。

关于"祈风"活动的记录和王十朋的诗句说明：冬天，泉州港刮北风，商船便出发远航，等到次年夏天刮南风的时候，商船就返回泉州港了。人们把这种随季节改变方向的风称为季风。泉州当地人说的贸易风，就是季风。

季风是怎么形成的？首先我们得了解地球上的信风及其形成原因。

信风：守信用的风

在地球的赤道南北两侧，分别存在东南方向和东北方向的风，它们年年都如约而至，非常有规律，因此被称为**信风**。

下面我们简单介绍一下信风的形成原因。

> 信风从英文 trade wind 翻译而来，但这里的 trade 并非现代英语中"贸易"的意思，它来自中古英语，相当于 track，指有比较固定的路线。

33

我要去航海

你可以从晴天影子的长短来判断太阳光的入射角大小。影子短的地方，太阳光的入射角大，得到的太阳辐射多，温度就上升得快；影子长的地方，太阳光的入射角小，得到的太阳辐射少，温度就上升得慢。

风是因空气的流动而产生的，那么空气为什么会流动呢？根本原因是地球上不同地方受热不均匀，温度不一样。

我们都知道，地球表面的温度主要来自太阳光的照射，所以从早上到午后，气温逐渐上升，从午后到晚上，气温又逐渐下降。人们把太阳光的照射称为太阳辐射，这是一种热能。在地球的不同纬度，接受到的太阳辐射强度不一样。在靠近赤道的低纬度地区，接受到的太阳辐射强；而在靠近南、北极的高纬度地区，接受到的太阳辐射弱。这是因为高纬度地区，太阳光的入射角，即太阳光和地平面的夹角变小了。这种高、低纬之间阳光的差别，就像清晨和正午之间阳光的差别。由此可见，在同一时刻，地球上高、低纬地区之间接受到的太阳热能是不均匀的。

和水一样，空气也很容易流动，是一种流体。受热多的地方，即靠近赤道的低纬地区，因空气被加热后会上升，形成上升气流，所以赤道地区靠近地面的地方空气变少，气压变低，周围气压相对较高的地方，即高纬地区的空气就会流动过来补充，以保持气压的平衡。空气在从高纬向低纬流动的过程中，会被一种叫作地转偏向力的作用改变方向。北半球物体的运动路线向右偏转，南半球物体的运动路线向左偏转。因此，北半球向赤道地区流动的空气形成东北风，南半球向赤道地区流动的空气形成东南风。

地转偏向力，是因地球自转而引起物体的运动方向发生偏离的一种现象。北半球右偏，南半球左偏。

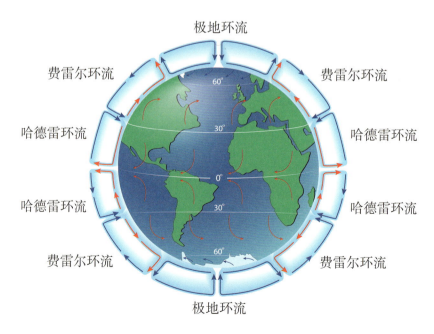

大气运动三圈环流示意图

由于靠近赤道的低纬地区一直接受较强烈的太阳辐射，因此空气持续上升，在高空聚集后，向南北两侧的高纬地区流动；在这个过程中，空气同样受到地转偏向力的作用，在北半球发生右偏，在南半球发生左偏。由于高空缺乏摩擦力，因此气流在向高纬方向流动的过程中持续偏转，最终在中纬度地区变成由西向东的气流，也就是西风急流。

随着赤道地区的气流源源不断地上升，中纬度高空聚集的气流越来越多，导致空气下沉到近地面，其中一部分又流向赤道低纬地区，去补偿那里的上升气流，这样就形成了一个大气环流，即我们如今常说的**哈德雷环流**。在南、北半球的中纬度至低纬度地区常年存在这样的大气环流，这个环流在近地面产生的风就被称为信风，在南半球的是东南信风，在北半球的是东北信风。

1735 年，英国气象学家乔治·哈德雷针对信风和西风现象，提出一个假设，认为大气可能存在一个沿经度方向的环流。这个假设后来得到了验证，因此后人把这个环流称为哈德雷环流。

季风：随季节变化的风

我国东南沿海的季风，尤其是夏季的西南季风，风向和东北信风正好相反，这又是怎么回事？我们先从地球上的四季变化说起。

不知道你是否观察过，一年之中每天天亮的时间和天黑的时间都不一样。上半年总是天亮得越来越早，天黑得越来越晚，下半年则相反。我们把白天最长的那天叫夏至，夜晚最长的那天叫冬至。另外还有春分和秋分这两个日子，白天和夜晚各 12 小时。

我们也知道，一年之中有四季变化，不同季节温差明显。那么季节是怎么产生的呢？其实，季节产生于地球绕太阳公转的过程。当地球一边自转一边绕太阳公转时，地球的赤道面和黄道面并不重合，而是呈一定的角度，这个角度被称为黄赤交角，现在的黄赤交角是 23°26′。因此，假如以黄道面为水平面参照的话，地球的自转轴，即地轴与垂线之间呈 23°26′倾斜。地球仿佛挺着大肚子，在黄道面上一边自转一边公转。前文已介绍过太阳光的入射角，当太阳光入射角为 90°的时候，我们称之为直射。由于黄赤交角和公转的原因，地球上的太阳直射点并不总是在赤道上，而是随着季节在南、北回归线（指太阳直射点所能到达的最北和最南点的纬线）之间移动。

赤道面指地球上的赤道所在的平面。黄道面就是地球绕太阳公转的轨道平面。

太阳直射点，也就是地球表面太阳光入射角度为 90°的地点。在这里，正午 12 时地球上的直立物没有影子。

我要去航海

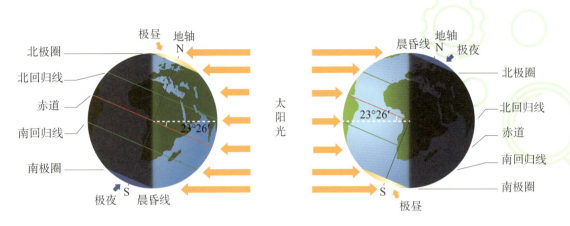

夏至（这一天，太阳直射点在北回归线）　　冬至（这一天，太阳直射点在南回归线）

 想一想

　　将地面上任意一点与地心作连线，并向地面上空延长，是否就是该地点与地面的垂线？看上面这幅示意图的时候，你还有没有别的疑问呢？比如，夏至日和冬至日的示意图里，为什么表示太阳光的线条都是平行的？正是因为这些太阳光是平行的，所以不同纬度太阳光的入射角才不一样，是不是？

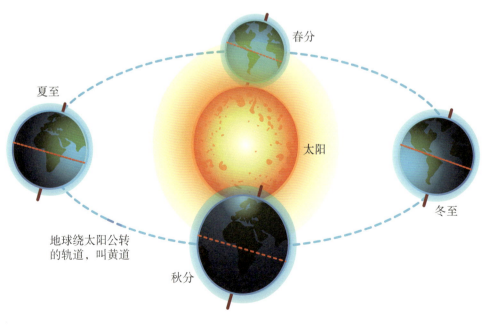

地球公转和季节的产生

从左页图我们可以看到，当地球的北半球倾向太阳的时候，太阳的直射点在北半球，北半球接受到更多的太阳辐射，因此进入夏天。当地球的南半球倾向太阳的时候，太阳的直射点在南半球，南半球接受到更多的太阳辐射，此时南半球进入夏天，北半球进入冬天。

因为黄赤交角为 23°26'，所以太阳的直射点最北能到达北纬 23°26'，也就是北回归线。当太阳的直射点到达北回归线时，这一日便是北半球的夏至日。过了这一日，太阳的直射点又重新向赤道方向迁移。同理，太阳的直射点最南能到达南纬 23°26'，也就是南回归线。当太阳的直射点到达南回归线时，这一日便是北半球的冬至日。过了这一日，太阳的直射点也再次向赤道方向迁移。

在春天和秋天，尤其是春分日和秋分日，地球大肚子挺的方向和太阳光的入射方向垂直，即南、北半球都不向太阳倾斜，地轴的倾斜角度与太阳光的入射角没有关系，此时太阳的直射点在赤道上。由此可见，地球的公转和随公转发生的太阳直射点的南北迁移，产生了一年四季。

从晨昏线和赤道的相交情况可以看到，在夏至日，北半球接受太阳辐射的扇形大于四分之一圆，南半球接受太阳辐射的扇形小于四分之一圆。同时，从纬线（比如北回归线、北极圈）和晨昏

晨昏线是白天和夜晚的分隔线，它与太阳射入的方向垂直。左页上图中画阴影的半球代表太阳光照不到的半球，也就是处于夜晚的半球，没有阴影的半球则处于白天。

极昼的冰岛，虽然已是晚上 11 点，但天空仍然如同白昼一样亮。

线的相交情况可以看到，在夏至日，北半球同一纬线上，接受太阳辐射的时间（即白天的长度）大于没有太阳辐射的时间（即夜晚的长度），南半球则相反。而且越往北半球高纬地区，夜晚的时间越短。进入北极圈后，全天 24 小时都被太阳光照射到，所以产生了极昼现象。同理，在冬至日，南极圈内出现极昼，北极圈内则全天 24 小时都无法被太阳光照射到，出现了极夜。

随着太阳直射点向赤道方向迁移，晨昏线和地轴的夹角越来越小，北半球白天和夜晚的时间长度就越来越接近。当太阳直射点在赤道上时，晨昏线和地轴的夹角为 0，白天和夜晚一样长。

太阳直射点所在的位置，是太阳辐射最强，即地面空气受热最强的地方，也是产生上升气流最多的地方。如前文所述，上升气流最终会导致其南北两侧各形成一个哈德雷环流。随着太阳直射点的南北移动，这两个哈德雷环流也跟着南北移动。当太阳直射点到达北半球时，南侧哈德雷环流产生的近地面东南信风就会越过赤道，进入北半球。在地转偏向力的作用下，进入北半球的东南信风会发生右偏，因此转向变成西南风。同理，冬季太阳直射点在南半球，东北信风越过赤道后会转向成为西北风。所以在低纬地区，冬季刮东北风，夏季则变成西南风。我国南海和印度洋冬季风（东北风）、夏季风（西南风）的交替十分明显。

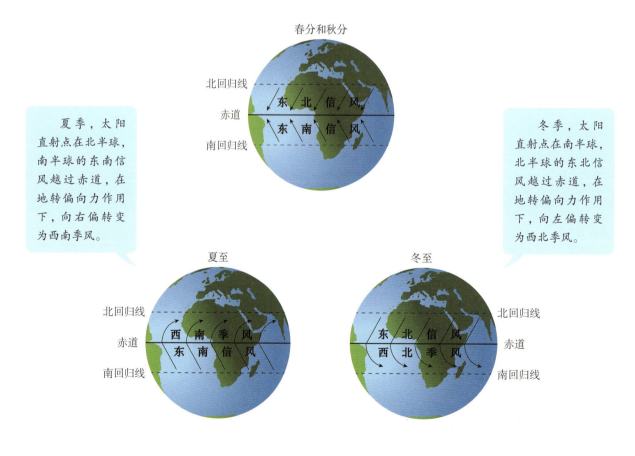

季风的形成原因

季风与航海

东晋高僧法显在《佛国记》中记载："载商人大舶，泛海西南行，得冬初信风，昼夜十四日到师子国。"这可能是目前能够找到的最早的关于印度洋季风的文字描述。从中可见，当时的人们就是利用冬季风（即东北信风），从多摩梨帝国（今印度西孟加拉邦，在孟加拉湾北部）向西南方向航行到达斯里兰卡。

在中国古代，无论是去印度洋还是去日本和朝鲜，都遵循季风规律。唐朝开往日本的商船都选择农历四月到七月初，正是刮西南风的时候。而去印度洋的船舶，都要等冬季风来临才出发。明朝祝允明《前闻记》对郑和第七次下西洋有明确的日期记载，从中可以清楚地看到人们利用季风航海的实践——

船队于宣德五年（1430 年）闰十二月六日从南京龙湾出发，宣德六年（1431 年）二月二十六日到达福州长乐港。到达长乐港之后，船队可能停留了九个多月，因为接下来的记录是"十一月十二日到福斗山（福州连江县），十二月九日出五虎门，二十四日到占城（今越南广治）"。

郑和船队 1431 年农历二月底到达福建福州之后，为什么要停留九个多月，等到农历十一月才再次出发呢？一个原因可能是收集货物，但更重要的原因应该和风向有关。农历二月底，春天已经来临，东北季风即将结束，不利于去印度洋的航行，所以要等到东北季风再次强势才能出发。《前闻记》也记录了船队回国的日程：宣德八年（1433 年）农历六月一日从占城开船，二十一日就回到了江苏太仓。这说明船队乘着夏季风（即西南季风），非常快速地从南海回到了长江口。可见中国古人因长期在南海和印度洋航行，对风向的季节性变化规律十分熟悉，所以航海活动都遵循季风的规律。

洋流：运动的海洋

古人航海还善于利用洋流。当海水沿着固定的路线发生大规模的运动时，洋流就出现了。驱动洋流运动的最主要的动力是盛行风，比如前文提到的信风和季风。以太平洋为例，赤道低纬地区，在南、北半球的东南信风和东北信风的作用下，表层海水大规模地自东向西运动，分别形成南、北赤道暖流。到达西太平洋后，受陆地的阻挡，温暖的海水在西太平洋聚集，一部分沿赤道向东返回，被称为赤道逆流，其余的向南、北半球的高纬地区流动，分别形成

因为低纬地区的海水温度较高，高纬地区的海水温度较低，所以从低纬向高纬流动的洋流被称为暖流，从高纬向低纬流动的洋流叫寒流。

我要去航海

东澳大利亚暖流和日本暖流（因为日本暖流的海水呈深蓝色，所以又被称为黑潮暖流）。日本暖流在向北运动的过程中，一方面受地转偏向力的作用发生右偏，另一方面因在中纬地区受到西风急流的作用，主要分支沿着日本各岛屿向东北太平洋方向流动，形成了北太平洋暖流。北大西洋的墨西哥湾暖流和北大西洋暖流，与日本暖流和北太平洋暖流属于同一类型。印度洋赤道以北区域由于大多被大面积陆地占据，因此没有形成该类型暖流。

北太平洋暖流在东北太平洋遇到北美大陆后，分为两支，一支向北，一支向南。同时，赤道东太平洋区域，由于表层海水都向西运动，南北两侧高纬地区的海水会向该区域流动以补偿向西运动的赤道暖流，因此在北太平洋的中、低纬区域形成了一个顺时针的环流。北大西洋的中、低纬区域也有一个类似的环流。印度洋北部区域则随季风变化，夏季为顺时针，冬季为逆时针。

此外，南大洋，即大西洋、印度洋和太平洋三大洋在环南极洲相连通的区域，在西风带作用下形成了西风漂流。而西风漂流的出现，又为南大西洋、南印度洋和南太平洋带来了一个逆时针的环流。

 想一想

海上丝绸之路又被称为海上陶瓷之路，从前文介绍的各种考古发现可以推测，历史上中国向海外输送了大量的陶瓷。陶瓷重且易碎，从水上运输显然比在陆地上颠簸要安全、省力、高效。那么你认为与陆地运输相比，水上运输还有哪些优势？

广东海上丝绸之路博物馆，也就是"南海一号"博物馆

2

大航海
开启新世界

新航路和地理大发现

你将了解：

欧洲人开辟新航路的大致过程

地球周长对新航路的重要性

经纬度是航海不可缺少的坐标系统

巴斯克人大多居住于西班牙中北部和法国西南部，是欧洲最古老的民族。他们勤劳勇武，擅长航海，有强烈的民族自豪感。

在南中国海—印度洋海上丝绸之路繁荣发达的同期，大西洋上也涌现出许多优秀的航海家。最突出的是北欧的维京人和西南欧的巴斯克人，他们早在哥伦布之前就到达了南北美洲。维京人还发现了冰岛和格陵兰岛，曾经控制俄罗斯，还可能远航到里海，与阿拉伯人做生意。巴斯克人曾经每年都到北美沿岸捕猎鲸鱼和鳕鱼，考古学家还在拉丁美洲的一些地方发现了巴斯克人的足迹。限于篇幅，这里无法详细介绍维京人和巴斯克人的航海活动，大家若感兴趣，可查阅相关书籍和资料。

在 15 世纪以前，世界先进的文明主要集中在东方，印度洋是世界贸易中心之一。但 15 世纪中叶，奥斯曼土耳其帝国突然崛起，控制了从波斯湾、红海进入地中海和西欧的传统商业路线，使欧洲难以获得中国和印度的先进商品。因此，15 世纪末，欧洲迫切希望开辟一条能够到达印度洋的新航路。大航海时代由此拉开序幕。

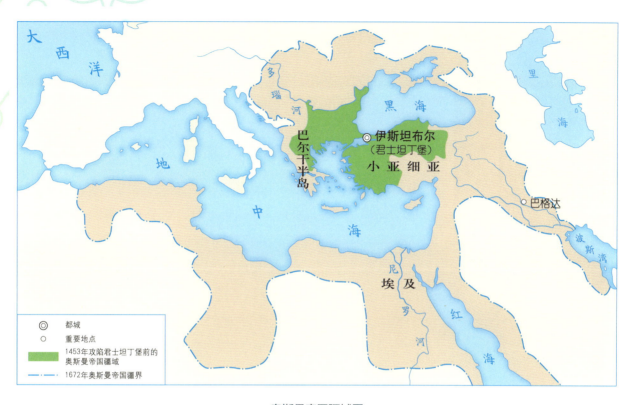

奥斯曼帝国疆域图

大航海时代，又被称作地理大发现，指 15 世纪末至 16 世纪初，世界各地尤其是欧洲发起的远洋航海活动。这些远洋航海连通了各大洲，形成众多新的贸易路线。通过新航路实现的殖民和贸易，促使欧洲飞速发展并奠定了超过亚洲的基础。同时，人类的地理知识也在这个时代大量积累。

葡萄牙人首先进入印度洋

在西欧，葡萄牙首先发起了大规模的航海探险活动。组织和从事航海探险的典型人物有亨利王子、迪亚士和达伽马三人。

亨利王子是葡萄牙国王的小儿子，他是葡萄牙崛起的关键人物。亨利这个名字是从英语翻译过来的，在葡萄牙语里翻译为恩里克。他在 15 世纪中期建立了航海学校，并聘请当时最有经验的航海家和最知名的地理学家、天文学家、物理学家、数学家、制图家、造船家、仪器家等拥有各种科学知识和技术的顶尖人才修建海港、码头、船厂、船坞，建造和维修远航的船只，开展有组织有计划的航海探险活动。虽然亨利王子本人从未出海远航，但他曾多次组织非洲西海岸的探险活

我要去航海

航海家亨利王子（1394—1460）的雕像

坏血病是一种因缺乏维生素C引起的疾病，又称水手病，表现为毛细血管脆性增加，引起皮、黏膜下出血。

动，他的探险队发现了马德拉岛和佛得角群岛，并从直布罗陀海峡出发，沿非洲西海岸到达几内亚湾。

1487年，在葡萄牙政府的支持下，迪亚士和他的探险队沿非洲西海岸向南航行，最终到达非洲最南端，发现了好望角，从此欧洲人知道了非洲南部并非是他们过去以为的大片陆地，而是被海洋包围。1497年，达迦马率领船队沿迪亚士的航线继续向前，绕过好望角后，于1498年1月到达非洲东岸的莫桑比克，随后船队逆流北上（此时的洋流自北向南），三个月后终于到达今天肯尼亚的马林迪。在马林迪，他们幸运地遇到了一位著名的阿拉伯航海家作为船队的领航员，由于此时北印度洋刚刚转为西南季风，因此船队花了不到一个月的时间，于1498年5月20日到达印度西南部最大的港口城市卡利卡特。1498年8月底，达伽马船队打算返航回国，但他们不知道此时印度洋还在盛行西南季风。因为没有领航员的帮助，他的船队逆风航行，直到三个月后季风转向才到达非洲东海岸，而在此过程中，30多名船员因坏血病丧生。1499年9月，达伽马返回葡萄牙里斯本。此后，葡萄牙国王又多次派出更强大的、武装了枪炮的舰队前往印度洋。凭借武力和非常残忍的手段，葡萄牙人很快成为印度洋上的霸主。

好望角（Cape of Good Hope）是欧洲探险家进入印度洋、通往富庶的东方的航道

哥伦布"发现"美洲

克里斯托弗·哥伦布
（1452—1506）

在葡萄牙人探寻沿非洲海岸进入印度洋的新航路的同时，有一个叫哥伦布的意大利人提出了另一种观点。他是古希腊地圆说的坚定拥护者，认为不必从遥远的非洲好望角绕道，只要一直向西航行，就能到达印度和中国。但哥伦布的航海计划被葡萄牙政府拒绝，因为亨利王子航海学校的计算结果并不支持他这种设想。

> 我们之所以在这里给"发现"二字加了引号，是因为在哥伦布到达之前，印第安人早就在美洲生活了数千年。

看到邻国葡萄牙从非洲西海岸获得了不少财富，西班牙政府也对航海去东方充满向往，所以哥伦布的"西航计划"最终得到了西班牙女王的支持。1492 年，哥伦布率领船队从西班牙的帕洛斯港出发，出直布罗陀海峡后，先沿葡萄牙人的航线，向西南到达加那利群岛，然后改向西航行，到达大西洋彼岸的巴哈马群岛、古巴、海地等岛。

> 既然哥伦布提出向西航行，为什么他出直布罗陀海峡后，要先按葡萄牙人的航线向南航行？建议查看洋流分布图回答这个问题。

哥伦布的四次航行路线

哥伦布真的一直坚信自己到达的是亚洲吗？其实，哥伦布内心未必不怀疑，但他要得到西班牙王室的长久支持，就只能坚持认为他到达的地方是亚洲。

此后，在 1493 年、1498 年和 1502 年，哥伦布又三次向西航行，先后发现了多米尼加、波多黎各、牙买加、特立尼达等岛屿，以及由洪都拉斯到巴拿马的海岸。不过，直到 1506 年逝世，哥伦布一直坚持认为自己到达的是亚洲。

后来，意大利探险家亚美利哥·韦斯普奇按照哥伦布的航线到达美洲，发现他所到达的地方并不像传说中那样遍地财富，因此他粗略地绘制了美洲地图，并推测这是一片"新大陆"。1507 年，德国地理学家马丁·瓦尔德塞弥勒出版《世界地理概论》一书，把这块新大陆命名为"阿美利加"（America），并在他后来出版的一张世界地图上也这样命名，美洲的名称由此而来。

哥伦布远洋航海的借口

曾经，我向陛下汇报过印度大陆的情况，以及那里的国王"大汗"，我们罗马语称之为"众土之王"。从他的先辈起，他们就派使者来到伟大的罗马，恳请我们圣教中的智者，去他们那里传播圣教，指点迷津。但是教皇却从来没有关注过这一事情，没有委任某个能够胜任这一神职的人去教化他们，这使那些百姓们迷失了方向，去崇拜那些偶像，沉沦在灭失的邪说中……

正是陛下，在同一个月将我克里斯托弗·哥伦布派到上面所说的那些印度地区，去了解他们的君主、百姓、风土习俗，以及一切有价值的事物，把他们都教化为我主的信徒。陛下同时命令我不按照以往的习惯从东航行，而是一直往西，去那从来没有人到达过的地方。您从您高贵的领土上将那些犹太人全部驱逐之后，在这同一个月，命令我率领一队装备精良的船队，前往印度诸地，承诺我重大的赏赐，赐予我擅茢（yī liè）的贵族封号，将我封为大西洋海军元帅，授权我做总督并终身管辖我已经发现、征服和即将发现、征服的那些岛屿与陆地。我的长子可以继承我的职位，并将此职位世代沿袭。

（节选自克里斯托弗·哥伦布《哥伦布日记》）

从哥伦布写的序言里可以清楚地看到，这次远洋航海的"理由"是传播基督教，为了强调这个理由，他甚至挖掘出比自己的时代早 200 多年的忽必烈给教皇的信函。读下去我们很快就可以发现，哥伦布真正的目的是金钱和权力——"重大的赏赐"和"授权我做总督……并将此职位世代沿袭"。难怪在整本航海日记里，频繁出现的是"金子"而不是"基督"——"那里的国王有很多金子""有很多很多黄金，还有珍珠""她的鼻子上有一块金子""他说过他要带金子来""据说这些岛上的金子比泥土还要多""那些印第安人为发现金子而带路""他确信……那里到处是黄金、香料、乳香、大黄"。

麦哲伦首创环球航行

当意识到大西洋的彼岸并非亚洲，而是一片"新大陆"之后，人们就萌生了继续探索未知世界的欲望，西班牙的巴尔博亚就是其中的探险家之一。1513 年，巴尔博亚越过中美洲的巴拿马地峡，望见了太平洋，当时他把太平洋称为"南海"。

根据地圆说，从"南海"继续向西航行，应该可以到达亚洲。因此，葡萄牙航海家麦哲伦在西班牙国王卡洛斯一世（注意：是西班牙国王！）的大力支持下，开始了新的航海探险活动。1519 年，他率领船队，从西班牙的桑卢卡尔港出发，经加那利群岛，到达南美洲东岸后，沿海岸线南下，在南美洲大陆和火地岛之间，穿过一个海峡（后人以他的名字命名这个海峡），进入"南海"，先向北航行，后又转向西行，于 1521 年 3 月 8 日到达菲律宾群岛。

斐迪南·麦哲伦（1480—1521）

由于在穿越麦哲伦海峡时，巨浪滔天，暗礁众多，麦哲伦的船队经过 28 天的艰苦航行，才终于驶出总长 563 千米的海峡。而众人进入"南海"后，风平浪静，没有遇到一次风暴，110 天航行大约 2 万公里，最终到达菲律宾，先前饱受苦难的船员们非常高兴，于是把该海域称为太平洋。后来，麦哲伦在与菲律宾当地土著人的冲突中不幸丧生，剩下的船队继续航行，渡过印度洋，绕过好望角，于 1522 年 9 月 6 日回到西班牙。这次环球航行历时 1082 天，全长 60440 公里，是人类历史上首次环球航行，由此证实了地圆说。

　　麦哲伦环球航行的成功，促使西班牙政府开辟了太平洋航线。从此，西班牙人先在墨西哥开采银矿，铸造银圆，再经太平洋航线到达亚洲，购买中国的丝绸、陶瓷、茶叶等商品运回欧洲。

中国的银圆为什么又叫大洋

　　15世纪早期以来，白银成为中国的主要货币。中国使用的白银一般铸成锭状（即银锭），以重量（两）为单位。明朝万历年间（公元1573—1620年），西班牙为了和中国进行贸易，在美洲大量铸造银圆用于购买中国货物，银圆从此流入中国。

墨西哥银圆，即墨西哥"鹰洋"

　　当时的东西方贸易中普遍存在这样一个现象：西方对中国的丝绸、陶瓷等商品有着巨大的需求，中国对西方的商品则没有什么兴趣，因为那时候的欧洲只有一些低端产品。比如哥伦布航海出发时，所携带的货物为帽子、衬衫、花布、针线、铜铃、小刀、镜子、眼镜、玻璃珠、石球、铅球等。所以，西方国家只好用中国的货币即白银来购买中国的商品。在大约300年的时间内，至少有6万吨白银流入中国，这便是银圆俗称"洋钱""洋钿""大洋"的由来，意思是"洋人的钱"。

 查一查

　　明朝时，大量美洲白银流入中国，对当时的经济产生重大影响。请查找资料，了解更多明朝国际贸易。

绕地球一圈有多远

　　现在，我们重新回到哥伦布从欧洲一路向西到达美洲这件事，并提出一个问题：为什么哥伦布一直坚持认为自己到达的是亚洲？

　　我们可以试着如此回答：在哥伦布时代，无论是欧洲人使用的托勒密世界地图，还是明朝使用的大明混一图，上面都没有美洲，说明当时的人们不知道美洲的存在，再加上哥伦布已经接受了"大地球形说"这个理论，那么自然可以推理出向西航行到达的陆地是亚洲。

但是，这里仍然有一个重大的疑问：无论是马可·波罗游记里的描述，还是威尼斯商人从亚洲运回的贸易品，都让欧洲人认识到东方（即亚洲）是非常富裕的。而哥伦布所到之地人烟稀少，既没有陶瓷，也没有丝绸，与人们所知的东方世界相差甚远。既然如此，为什么哥伦布还是坚持自己到达的是亚洲？要回答这个问题，我们必须回到哥伦布所处的时代，看一看当时的人们认为绕地球一圈有多远。

关于这个问题，我们不得不从更早的埃拉托斯特尼和克罗狄斯·托勒密这两位了不起的古希腊、古罗马科学家说起。

埃拉托斯特尼公元前276年出生于昔兰尼（今利比亚的夏哈特）。他观察到在埃及的Syene城（今埃及阿斯旺附近），夏至日正午的太阳光一直可以照射到井底，也就是说，此时地面上的直立物都没有影子，太阳在正上方。但是同一时刻，在往北大约800公里的亚历山大城，地面上的直立物却有一段很短的影子。埃拉托斯特尼根据两地距离以及亚历山大城的影子长度，推算出地球的周长大约为252000斯塔蒂亚。

在埃拉托斯特尼生活的古希腊时代，斯塔蒂亚这个长度单位在各地的实际长度并不统一。如果按雅典的长度标准算，1斯塔蒂亚等于185米，那么地球周长为185米/斯塔蒂亚×252000斯塔蒂亚，即46620千米；如果按埃及的长度标准算，1斯塔蒂亚等于157.5米，那么地球周长为39690千米。现在我们知道，地球的实际周长是40076千米。不管采用哪种标准，埃拉托斯特尼推算出的地球周长与实际周长可以说相当接近！考虑到埃拉托斯特尼出生于地中海南岸，且通过对比埃及两地之间的影子来计算地球周长，显然按照埃及的长度标准进行计算更加合理，结果也证明39690千米确实更加接近地球的实际周长。

古人如何推断出地球是圆的

早在2500多年前，古希腊数学家毕达哥拉斯就提出球形是最完美的几何体，所以他认为大地应该是圆球形的。大约200年后，这个理论被亚里士多德证明。

亚里士多德观察了月食，他在《天体篇》中说："在月食时分，界线总是凸的。因为月食由地球介入而生，分界线的形状应由地球表面决定。由此可知地球为球形。"也就是说，地球的阴影产生了月食——月食是当地球处于太阳和月球之间，挡住太阳射在月球表面的光芒后所形成的阴影——而这个阴影呈弧线，因此地球是圆的。他又观察到：当人们在夜间从北向南或从南向北行走时，会看到一些星星从前方的地平线上升起，另一些原来可见的星星却在后方的地平线下消失；当从远处航行而来的船靠近时，总是先见桅杆，后露船身，航船驶远时则相反。如果地面是平的，就不会出现这两种情况。

我要去航海

克罗狄斯·托勒密（90—168）

克罗狄斯·托勒密大约公元 90 年出生于埃及，他生活的时代相当于中国的东汉，那时候的埃及由罗马统治。他一生科学著作很多，其中很重要的一部是《地理学指南》，共有 8 卷。在这部指南里，他参考亚历山大城图书馆的大量资料，总结了古希腊人的地理学知识，包括由毕达哥拉斯提出并被亚里士多德验证的"大地球形说"。书里还有大量的地图，被后人称为《托勒密地图》。

1409 年，《地理学指南》被翻译为拉丁文，"大地球形说"因此在欧洲广泛传播。哥伦布正是根据"大地球形说"这个理论，提出向西航行也可以到达亚洲的设想。但是很不幸，托勒密在《地理学指南》中没有采用埃拉托斯特尼计算的地球周长，而是采用了一个叫波昔东尼斯的阿巴米亚人（活动于公元前 100 年）计算的地球周长数据，后者估算的地球周长远远小于地球的实际周长，欧洲到亚洲的距离因此被大大低估。所以在哥伦布的认知里，从欧洲向西到亚洲的距离并没有那么遥远。

寻找确定经度的方法

大航海时代早期的航海者们在茫茫大海上航行，看不到陆地，航行过程往往十分凶险。前文提到的达伽马船队就是因为没有掌握印度洋的季风规律，导致航行了三个月才从印度到达东非。除此之外，航海者遇到的最大难题是无法确定自己在大海上的位置，因而在海上迷路，日子一久，所带的粮食和饮水难以供所有人维持生存，很多船员就这样被饿死或渴死。

今天，我们看到的地图上一般会标有经度和纬度。我们要说明地球上某一点的位置，也常常用经度和纬度来表示。比如，北京市大约位于东经 116° 23.35'，北纬 39° 57.62'。反过来，只要有了经纬度，我们很容易就能在地图上找到这个位置。换句话说，经纬度是人们用来表示地理位置的一种坐标系统，它可以让我们知道自己在地球表面的位置。

经线和纬线都是人类为了度量方便而假设出来的辅助线。赤道是 0° 纬线，从赤道往南极和北极，各被划分为 90°，即南纬 0°—90° 和北纬 0°—90°。连接南、北两极的线叫经线，也叫子午线。国际上将通过英国伦敦格林尼治天文台原址的那条经线称为 0° 经线，也叫本初子午线。从本初子午线开始分别向东、西计量到 180°，就是东经 0°—180° 和西经 0°—180°。

乔治·安森船长的南太平洋迷航

　　1741年，乔治·安森率领"百夫长号"计划绕过南美洲最南端而进入太平洋。在航海中，船队遭遇了暴风雨，在长达两个月的暴风雨中，船员大都患上了坏血病，每天都有六七名船员死去。当海面平静下来时，船队最要紧的事情便是到中间停靠点胡安·费尔南德斯群岛（现称罗宾森·格鲁索岛）去补充水和粮食来救活船员们。乔治·安森判断自己的船队沿着南纬60度纬线西行，应该是离开了美洲最南端，进入太平洋海域322公里左右，并据此推测再向北航行就可以到达胡安·费尔南德斯群岛。他向船队发出向北航行的命令后不久，眼前便出现了陆地。可眼前出现的岛屿并不是胡安·费尔南德斯群岛，而是美洲最南端的合恩角。虽然乔治·安森认为船队已经进入了太平洋，但事实上，受暴风雨的影响，两个月内船队还处在原来的位置。因此，船队只能继续西行再转向北……在这段时间里，大量的船员相继死去。

　　虽然船队处于与胡安·费尔南德斯群岛相同的南纬35度纬线上，但人们却不知道船队是在岛的东边还是西边……乔治·安森认为应该西行，便带领船队拼命西行，结果并没有发现岛屿。这时候，乔治·安森觉得自己可能是选错了方向，便只能掉头沿着相同的纬度东行。向东航行几天后，船员们便看到了南美洲海岸。到了这里乔治·安森才发现，实际上在掉头前再向西航行几天就可以到达胡安·费尔南德斯群岛了，无可奈何的乔治·安森只能再次掉头西行，这样往返过程中又有80名船员死去。

（节选自朱京哲《深蓝帝国》）

　　从英国海军上将乔治·安森的航海经历可以看到，当时的航海者已掌握了确定纬度的方法，但尚无法确定经度。大航海时代，葡萄牙、西班牙、荷兰、英国等海上霸主的政府财政极大地依赖于远洋航海和贸易，准确的定位能够保障可靠的航行路线，减少航行途中的损失，使船队尽快到达目的地。因此各国政府纷纷推出高额悬赏金，征集测定经度的办法。1714年，英国议会也下令悬赏2万英镑（相当于今天的600万英镑），奖励能够精确计算经度的人。

　　早在1534年，荷兰探险家赫马·弗里修斯就提出，只要知道航船所在地的时间，就能推知当地的经度。这是因为地球自西向东自转，转完一个360°的整圈需要24小时，也就是每小时转二十四分之一圈，相当于15°。所以，地球上东西不同地方之间存在时差，西边的时间要晚于东边。这就好比从一个人在日本大阪（东经135°）看到日出的这一刻算起，再过一个小时，才能在中国青岛（东经120°）看到日出。因此，如果地球上每个地方的当地时间都把正午太阳升到最高

我要去航海

地球上两个地方当地时间之间的差别称为时差。

点的那一刻定为一天 24 小时中的 12 点，那么自东向西，依次每跨过 15 个经度就会晚一个小时。反过来说，假如知道两个地点在同一时刻的时差，就能推算出两地所跨越的经度。

牵星术：用北极星导航

本书在"古代航海靠谁驱动"这部分曾简单介绍过牵星术，即通过观察北极星的高度角来确定纬度。大航海时代的航海者在确定纬度时也采用了同样的原理。那么，为什么某地北极星的高度角就等于该地的纬度？

首先，将某个地点 A 与地心 O 作一条连线 OA，这条连线与赤道之间的夹角（a_1）就是该地点的纬度。

其次，与"到达地球表面的所有太阳光线平行"这个原理相同，因为北极星距离地球十分遥远，到达地球不同纬度的北极星星光也是平行的，所以右图中表示北极星方向的线条都与从地心和北极点延伸出去的线条平行。

再次，在 A 点与 OA 线作一条垂直的线，就是该地的水平线，这条水平线与北极星方向之间的夹角（a_2，即北极星高度角）是角 b_2 的余角（即 $a_2 + b_2 = 90°$），因为角 b_2 和角 b_1 相等（两直线平行，同位角相等），又因为角 b_1 是角 a_1 的余角（$a_1 + b_1 = 90°$），所以 $a_1 = a_2$。

由此可见，航海中确定经度的关键在于如何准确地确定航船所在地与另外一个已知晓经度的地点（比如始发港）之间的时差。今天，我们随便找一块手表就可以完成这个工作：从始发港带一块手表，将它对准当地时间；航行中，在正午太阳升到最高点的那一刻（即当地时间 12 点）查看手表上的时刻与 12 点之间的差值，这就是两地的时差。

然而大航海时代的钟表并不像今天的钟表那么精准，正如美国作家达娃·索贝尔在《经度——一个孤独的天才解决他所处时代最大难题的真实故事》中所说：在一艘颠簸的船上，摆钟可能会摆得太快，可能会摆得太慢，甚至还可能完全停摆。如果从一个寒冷的国度启程开往一个位于热带的贸易区，沿途温度的正常变化会让时钟的润滑油变得稀薄或黏稠，会让其中的金属部件发生热胀冷缩，同样会造成上述灾难性的后果。因此，当时的人们迫切需要更加稳定可靠的计时器。

1728 年，一位名叫约翰·哈里森的英国木匠向"经度问题"发起了大胆的挑战。经过不懈的努力，1737 年，他制造出第一台震惊科学界的计时器——H-1 航海钟。考虑到 H-1 体积过于庞大，在随后一段漫长的岁月里，哈里森全身心地投入到航海钟的研发与改良中，先后制造出 H-2、H-3 和 H-4。其中，H-4 从英国出发，跨过大西洋，到达牙买加，在长达 81 天的航行中只产生了 5 秒钟的误差，远比《经度法案》规定的"每天的误差小于 3 秒"少。1772 年，探险家詹姆士·库克船长在他的第二次太平洋航海中再次试验并证明了 H-4 计算时间的准确性，并称这是他"最忠实的朋友"。

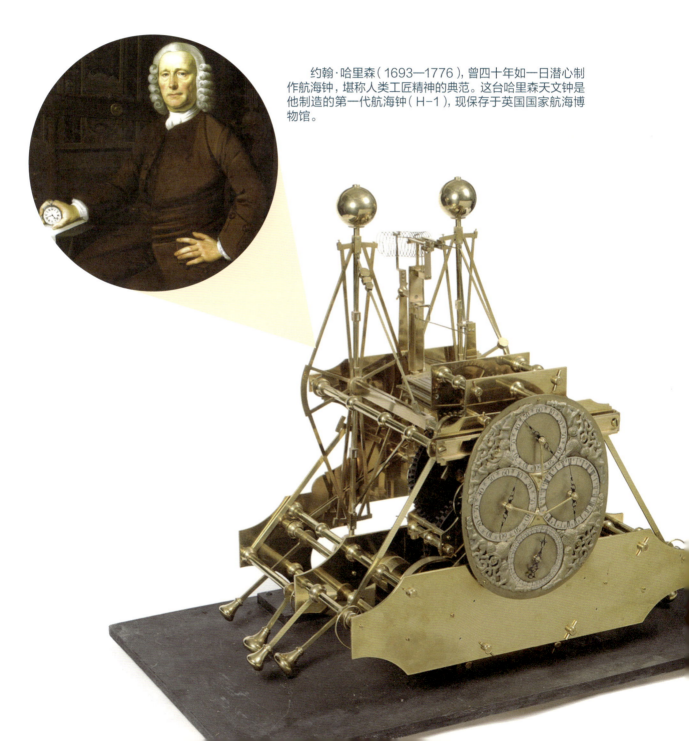

约翰·哈里森（1693—1776），曾四十年如一日潜心制作航海钟，堪称人类工匠精神的典范。这台哈里森天文钟是他制造的第一代航海钟（H-1），现保存于英国国家航海博物馆。

木匠约翰·哈里森的航海钟

再穿过一小段迷人的乡村小道，就来到了英国国家航海博物馆……我在这个博物馆里看到了自己向往已久的东西——最早的几台高精度航海钟，它们可能也算是人类历史上最有意义的时钟了。它们是由约克郡一位名叫约翰·哈里森的人在18世纪制造的。哈里森原来是木匠，后来才改行当了钟表匠。他的前三台钟完全不同于我此前见过的任何一台时钟。最早的那一台，每边长约两英尺，看起来像是铜制的，四根指针各有一个单独的表盘；两个摆动臂由弹簧连接起来，其顶端各带一个向上鼓出的球形重锤。

哈里森制造的 H-4 不仅携带方便，准确性也大大提高。

哈里森的第二台和第三台钟看起来要小一些。它们的机械装置跟第一台类似，但或多或少又有些差别。哈里森最后的那台钟——据记载，也是性能最好的一台——跟另外的几台完全不同。它看起来像一块装在银制表盒里的超大怀表，直径约五六英寸，厚达两英寸。这台钟的每个零部件都造得毫无瑕疵，很容易让人产生这样的印象：这哪里是木匠能造得出来的，分明是珠宝匠的杰作嘛。

（节选自达娃·索贝尔《经度——一个孤独的天才解决他所处时代最大难题的真实故事》）

 想一想

假如某一天北京的太阳升起时间是早晨6点，那么，在同样使用东8区时间标准的乌鲁木齐，太阳升起的时间大约是几点钟？

全球化时代的黎明

你将了解：

荷兰和英国为什么会成为新的海上霸主

随着全球航海的兴起，各国需要分配海洋权益

竖版世界地图带你重新认识世界

"海上马车夫"是怎样炼成的

17世纪初，荷兰从西班牙的统治中独立。荷兰虽然是个面积仅4万多平方公里的小国，但是造船业十分发达，而且国民多从事商业。17世纪中期，荷兰拥有的商船数量超过1.6万艘，而当时全世界的商船总共大约2万艘，再加上荷兰商船运输量大，速度快，运输成本只有其他国家的一半，因此被誉为"海上马车夫"。为了保护商船，荷兰还建立了当时世界上最强大的海军，并积极向海外扩张。他们成立了荷兰东印度公司和荷兰西印度公司，占领了中国台湾，垄断了东南亚国家和欧洲的贸易路线。

一位荷兰富商曾无比骄傲地说："凡有海水之处，就有我们商船的踪迹！"荷兰的远洋航海能力之所以发展得如此迅速，除了和发达的造船业有关，还因为荷兰人对海图相当重视。起初，他们通过收买葡萄牙人，获得了远东地区的海图。后来，他们委托

> 远东（Far East），即欧洲人开始向东方扩张时对亚洲东部地区的通称，这是一个以欧洲为世界中心的地理概念。

荷兰是一个很小的国家，却在世界海洋史上拥有一个时代。

出海的水手绘制海图，并大量印刷、发行海图，向所有船员公开。在此之前，海洋的测绘成果，即海图，主要由葡萄牙政府垄断，属于高度保密的资料，一般的商船无法获得。荷兰的这种做法极大地促进了航海业的发展，反过来，对航海的探索又进一步促进海洋测绘快速发展，因此荷兰很快成为新的海上霸主。

日不落帝国的崛起

17 世纪中叶，英国也开始崛起。因无法容忍荷兰垄断全球贸易，英国开始与荷兰争夺海上利益。1652 年 5 月，英国攻击荷兰商船，从而引发两国海军的大规模战争。经过三次英荷海战，到 17 世纪末 18 世纪初，英国人成为新的海上霸主，英国海军从此开始走上了控制全世界海洋的道路。

英国人对海洋知识尤为重视。18 世纪下半叶，英国海军专门设置了水文部门，开始有组织地对世界各地进行水文和水下地形测量，同时制作海图，收集和积累全球的航线信息。到 19 世纪中叶，英国海军获得了巨量的海洋知识，为英国此后在世界各地夺取大片殖民地、建立"日不落帝国"奠定了基础。

　　尤其是 1815 年之后，英国海军征用了原来用于抵御拿破仑侵袭的数百艘小型船舰，将它们改造成测绘船，测绘世界各地。1815—1817 年，他们测绘了北美的五大湖和圣劳伦斯河上游。1821—1826 年，他们测绘了 2 万英里的非洲海岸。到 1850 年，所有印度洋海岸线被全部制成海图。

　　1831 年末，查尔斯·达尔文所登上的贝格尔号（Beagle，也叫比格尔号或小猎犬号），也是英国海军的一艘小型军舰，装备有 10 门大炮，舰长为费茨罗伊。这艘军舰从英格兰出发，穿越北大西洋到达南美洲，对南美洲东西两岸进行深入研究和详细勘察。完成南美洲的测绘后，贝格尔号又航行至澳大利亚考察，之后进入印度洋绕道非洲好望角，回到英国。

　　这一时期的英国皇家海军，号令严明，运转有序，环境整洁。达尔文曾赞叹甲板的整洁程度令许多绅士的房子都相形见绌。军舰的舰长都出身名门望族，品质优秀，意志顽强，经受过各种恶劣环境的考验。在混乱中坚守秩序，在血腥狂暴的战斗中从容不迫，这是当时的英国皇家海军得以成功的法宝之一。

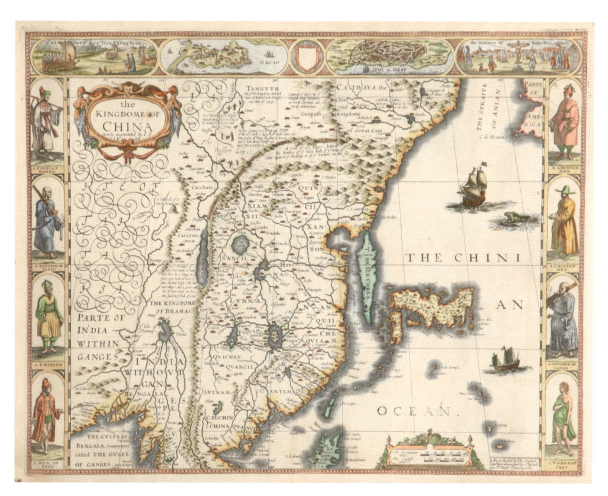

　　斯彼得中国地图（由中国航海博物馆提供）。制图者约翰·斯彼得是英国著名的历史学家和地图制作家。注意，该地图中，台湾由三个岛组成，朝鲜半岛没有和亚洲大陆连接。中国的海岸线，珠江口描述最为准确，由此可推测欧洲海船此前已经多次到达广州。

说说海图那些事儿

　　每一位航海者在出海前都要准备许多资料,其中海图是必不可少的。由于历史上曾发生过不少触礁沉没的海难事故,因此各国政府都深刻地认识到海图的重要性。海图是地图的一种,和我们一般看到的陆地地图有诸多不同,下面我们来看看海图有哪些基本要素。

　　一是海岸,包括海岸线和海岸类型。海岸线是水陆分界线,一般采用正常天气下(即没有风暴发生),大潮日(比如农历初一或十五)潮水上涨通常所到达的最高水位。这条分界线以上的陆地,正常天气下很少被海水淹没。海岸的类型多种多样,有岩石、沙砾、淤泥、红树林、水草、珊瑚礁等。这些不同的海岸,水下地形不同,地面的软硬也不同,因此海岸信息对航海者判断是否是理想的靠岸登陆地点很重要。

　　二是海底地貌,也就是海底表面的起伏形态,一般用等水深线表示,同时辅以水深标注。因为航行需要避免搁浅、触礁等危险因素,这些水深线和水深标注,大多遵循"取浅舍深"的原则。在河口和近海地区,由于泥沙的淤积或水流的冲刷,水下地形随时间变化,因此海图需要经常更新。

　　三是航行障碍物,常见的有天然形成的礁石、浅滩、海底火山等,还有过去的人类活动产生的沉船、木桩、废弃井架、铁锚、战争年代布设的水雷等。在海图上,航行障碍物一般用一种特殊符号表示。

　　四是助航标志。为了协助导航定位,海图上会标注海上可见的定位地物,如高烟囱、无线电塔、海角、海中岩峰等,以及专为航行设立的灯塔、无线电航标、灯桩、浮标等设施。

　　五是水文要素,主要指海流、潮汐、急流、漩涡、海冰情况等。

　　六是各种界线,包括航道、锚地、港域界线,禁区界线,县、市、省、国境界线,以及各类海底管线(如电缆、光缆、石油管道、输水管道等)。

　　需注意,海图中的水深不是航行中或测量时的真实水深,而是当地理论上最低低潮面(即潮水退却时可能到达的最低面)以下的水深,所以绝大多数情况下都比实际水深小(实际水深等于海图水深加上潮汐高度),这样可以保障船舶的航行安全。潮水上涨的高度和退却的位置每天都不一样,关于潮水位的详细信息,请阅读本书第96页。

位于葡萄牙罗卡角的灯塔

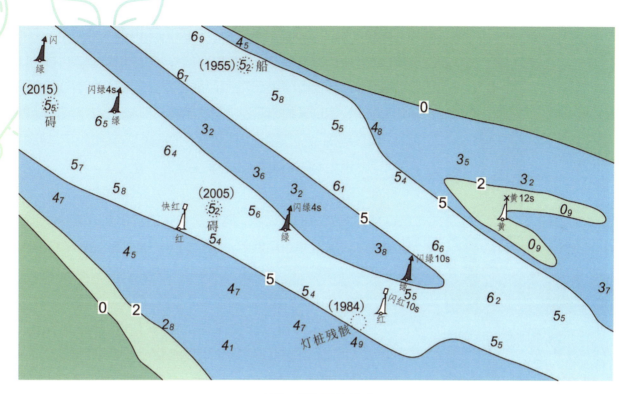

某河口的海图（局部）

上图中的斜体数字表示实测水深，都保留一位小数且用小字表示，如 5_8 表示该点水深 5.8 米。根据实测水深，图中绘制了等水深线，并用数字标注出每条线的水深，不同的水深区域用不同的颜色表示。航行障碍物用虚线圆圈表示，圆圈内的数字表示水深，旁边括号内的数字为障碍物的形成年份，若障碍物类型明确，旁边会标注"船"（代表沉船）、"灯桩残骸"等字样，若不明确，则仅标注"碍"字。此外，航道和浅滩上设有不同颜色（红、黄、绿等）的灯浮，对灯的闪烁情况也进行了标注，比如每 4 秒（4s）闪烁一次。

海洋是自由的吗

15 世纪末，葡萄牙和西班牙通过国家力量，最早开辟新航路，建立殖民地，成为欧洲最富有的国家。很快，两大霸主因为争夺殖民地发生争执，后经罗马教皇调停，两国进行了利益分配。他们首先确立了一条教皇子午线，这条线从北极向南，穿过大西

> 1 里格相当于 3 海里。在地图上找一找教皇子午线的大致位置。

我要去航海

位于荷兰代尔夫特中心的格劳秀斯雕像。现在当你在海上旅行的时候，一定会想到格劳秀斯吧，因为是他让我们能在海上自由航行。

同学们，你们同意格劳秀斯的观点吗？

公海，也就是不包括在国家专属经济区、领海内水或群岛国的群岛水域以内的全部海域。公海供所有国家平等使用。

洋佛得角岛以西 370 里格的位置，一直到南极。教皇规定：在这条线以东，所有新发现的殖民地都归葡萄牙所有；这条线以西，则归西班牙所有。所以葡萄牙的殖民地主要分布在印度洋和西太平洋沿海各地，西班牙的殖民地主要在美洲。但到了 17 世纪，随着荷兰、英国等海上强国的兴起，上述利益分配方案引起了其他国家的不满，也为《海洋自由论》的诞生埋下了导火索。

《海洋自由论》是由荷兰一位名叫格劳秀斯的律师撰写并于 1609 年匿名发表的诉讼状。这个诉讼案的起因要追溯到 1603 年，荷兰东印度公司在马六甲海峡打劫了一艘名为"圣·卡特琳娜号"的葡萄牙商船，这艘商船及满船的珍贵货物后来被带到荷兰阿姆斯特丹，交由法庭审判。1604 年 9 月，法庭将船上大部分货物判给荷兰东印度公司，这引起了国际争端，因此，荷兰东印度公司急需从法律上证明他们打劫葡萄牙商船这一行为是合法的。

作为荷兰东印度公司的法律顾问，格劳秀斯为这场诉讼案写了洋洋洒洒 20 多万字，他提出：海洋是全人类共有的，因为它无边无际，任何人都无法占为己有；还因为无论从航海方面还是从渔业方面看，它都适合于人类共同使用……。海洋是自由的，为所有国家共有，没有任何一个国家可以对海洋宣称拥有主权；所有人都拥有不受干扰地在国际海域游弋的权利，战时和平时均然……。葡萄牙企图非法剥夺荷兰与东方国家的贸易权利，那么，对它进行战争并没收捕获物是完全正当的。

刚开始，格劳秀斯的辩词被欧洲多国批驳，但是各个国家为了自己的利益，实际上也非常希望打破葡萄牙、西班牙的垄断，因此"海洋是自由的"这一理论很快就被广泛接受。与此同时，每个国家又不希望别的国家开发、利用本国附近的海洋资源。典型人物有苏格兰法学家威廉·威尔伍德，他也从本国利益出发，有力地驳斥了《海洋自由论》。因此，格劳秀斯后期修正了自己的观点，在另一部经典著作《战争与和平法》中提出"远洋自由"和"近海主权"原则，为日后"公海"这一概念的产生奠定了基础。

17 世纪以来，荷兰和英国大力发展海洋测绘和海上航线的信息收集，制作、印刷并出版海图；在此推动下，全球性的航海和贸易变得日益繁荣，各大洲之间的人口、动植物、矿产资源等都发生

了大迁移和大交换，各国、各地区的经济联系也日益紧密，相互依赖，人类历史从此进入了一个全新的时代，即全球化的时代。

把世界地图竖起来

2013年9月，我国首次出版了两张竖版世界地图，这是由中国科学院测量与地球物理研究所的郝晓光研究员设计和制作的。在竖版世界地图上，完整的南极大陆、南大洋和北极地区都看得更加清晰。

这幅地图刷新你的"世界观"

从2002年编制完成，到2013年正式出版，郝晓光研究员等了整整11年。那么，他为什么会产生把世界地图竖起来这样一个创新的想法呢？

郝晓光研究员近照

郝晓光的父亲毕业于复旦大学外文系，所以他从小在"复旦大院"长大，10多岁就读遍了世界名著。高中毕业后，郝晓光主动报名下乡，还在别人都觉得又苦又累的环境下写起了小说。1977年恢复高考后，有个复旦中文系的老师看到了郝晓光写的小说，想把他招入中文系，还请他父亲来游说，结果，"老爷子过来一问，才知道我已经被同济大学测量系录取了"。

尽管投身自然科学30余年，但少年时的人文教育深深地滋养了郝晓光的思想，使他对世界永远保持着好奇心和想象力，竖版世界地图就是其科学与人文素养交融的产物。"好的世界地图，能够培养出好的世界观念，催生出探索世界的美好愿望。"郝晓光说道。

1569年，荷兰制图学家墨卡托利用"墨卡托"投影法绘制了第一张世界地图，面对这张通行数百年的横版世界地图，人们似乎已经默认了世界就是那个样子。但在郝晓光的想象中，地球就像一个苹果，可以有无数种切法，他想找到更多富有美感且具有实用价值的切线。经过无数次尝试，他终于找出了北纬15°和南纬60°这两种切法（分别对应南半球版世界地图和北半球版世界地图），使地图上的大陆保持完整。"仿佛是神来之笔。好像地球就在等待这一天，等待人们从这样的角度来欣赏它。"《中国国家地理》杂志执行主编单之蔷这样评价。

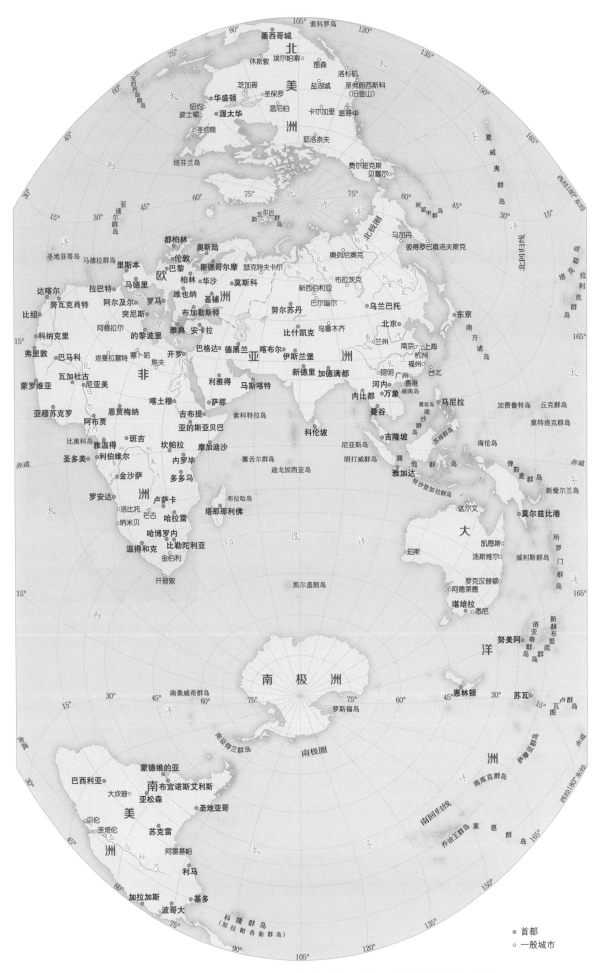

● 首都
○ 一般城市

中国科学院测量与地球物理研究所郝晓光研究员设计和制作的竖版世界地图

　　这种新的地图呈现形式改变了人们看世界的角度，更在当前的全球化时代发挥着重要作用。由于传统地图里的南极洲严重变形，因此早在 2004 年，我国极地研究中心就通过郝晓光的南半球版世界地图指示南极科考远洋航行。北半球版世界地图则被率先用于民航，根据该地图，中国国际航空公司在 2002 年 9 月开通了北京经北极直飞纽约的航线，和穿越太平洋的传统航线相比，该航线足足缩短了 8000 公里，单程飞行时间减少 3 个多小时；此后，我国的北斗卫星导航系统也根据该地图将覆盖范围扩大到北极。

 想一想

　　观察左页这张竖版世界地图，美国是在中国的东边还是北边？

　　发现者纪念碑位于葡萄牙首都里斯本市，外形宛如一艘驶向大西洋的古老帆船，立于船头的便是亨利王子。

哥伦布物种大交换

你将了解：

大航海如何破坏生态环境甚至影响全球气候

天花、疟疾和印第安文明毁灭、黑奴贸易的关系

世界各地都有西红柿

今天，世界上各个地方的人们都种植和食用西红柿（又叫番茄）。我国新疆是世界有名的西红柿顶级生产地，产量约占全球四分之一，这里日照时间长，昼夜温差大，降雨量小，可以说是世界上最适合西红柿生长的地方。因为红色素和含糖量都很高，新疆西红柿颇受世界各地人们的欢迎，每年都出口到中亚、欧洲甚至美洲。但是你知道吗？新疆并不是西红柿的原产地，就连特别爱用番茄酱做食物配料的意大利，也不是西红柿的原产地。西红柿的原产地，在遥远的南美洲。

研究人员发现，野生番茄起源于南美洲西部的安第斯山脉。在秘鲁，也就是野生番茄的老家之一，番茄是长在森林里的野生果子，因为长得很像另一种有毒的果子，所以从来没有人食用。后来，不知从什么时候开始，在距离秘鲁 2000 多公里的墨西哥，人们开始栽培和食用野生醋栗番茄，在那里，醋栗番茄又进化成了樱桃番茄。虽然人们现在还没有弄清楚野生番茄是怎么从南美洲到达中美洲墨西哥的，但显而易见，番茄是在大航海时代的早期（大约 1520 年代）由欧洲的航海者从墨西哥传播到西班牙和葡萄牙，在 16 世纪中期成为意大利的美食，此后又逐渐传播到世界各地的。根据我国古代文献的记载，"番茄"最早出现于明朝，"来自西番，故名"，可能是 17 世纪从欧洲或东南亚，如西班牙的殖民地菲律宾传入我国的。

在汉语中，一些带"番""洋""胡"字的植物，比如番茄、番薯、番石榴、洋芋、洋葱、洋姜、胡椒等都是外来物种，也就是从别的国家传播而来。其中，番茄、番薯、番石榴、洋芋的原产地都是美洲。此外，不带"番"或"洋"字的花生、向日葵、南瓜、玉米、辣椒、棉花等多种农作物的原产地也在美洲，都是大航海时代从美洲传播到世界各地的。因为生存能力强，淀粉含量高，玉米、番薯、洋芋这些农作物成为世界多个地方重要的粮食，这些粮食曾帮助很多欧洲人、亚洲人度过艰难的饥荒年代，直到现在也还是很多地方人们的口粮。

大航海不仅把原产于美洲的生物带到了世界各地，也把欧洲、非洲等地的生物带到了美洲，其中就包括细菌和病毒，这种由大航海造成的物种大交换被称为"哥伦布大交换"。有研究者甚至认为，"哥伦布大交换"还影响了全球的气候变化。它就像一把双刃剑，既增加了人类的食物来源，也极大地影响了全球生态系统，并造成严重的后果。

感兴趣的同学可阅读《哥伦布大交换、1492 年以后的生物影响和文化冲击》《1493：从哥伦布大航海到全球化时代》。

后文将以河狸和橡胶园为例，讲述人类航海活动是如何影响生态系统和全球气候的。

纪录片《航拍中国·新疆》中曾提到："全球每 4 瓶番茄酱中就有 1 瓶来自新疆。"

什么是生态系统

　　由于自然界所有的生物(包括我们人类)之间，以及生物和自然环境之间，都是密切相关的，任何一种生物或环境条件的变化，都会引起其他生物和环境的变化，所以人们提出了"生态系统"这个概念，用以描述一个特定范围内的生物和环境，并且按照食物链的关系(简单地说，就是谁吃谁的关系)把生态系统分成四个组成部分：无机环境、生产者、消费者和分解者。

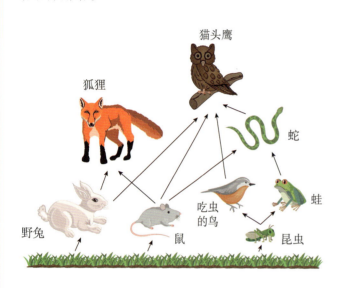

　　例如，在草原生态系统食物网络中，草是生产者，野兔、鼠、昆虫只吃草，是初级消费者，狐狸、吃昆虫的鸟和蛙是次级消费者，蛇是三级消费者，而猫头鹰既是次级消费者，又是三级、四级消费者，因此属于多级消费者。

　　在一个没有人类干扰、经过长时间自然演化形成的生态系统里，各种生物的数量保持一个稳定的关系，这个关系取决于能够获得的食物数量。

所以，一般来说，初级消费者的数量最多，越高级的消费者，数量越少。高级的消费者为了获得足够的食物，维持其物种数量，就必须把尽可能多种类的生物作为它的食物，比如草原生态系统里的猫头鹰是多级消费者。

　　但是人类的出现极大地干扰了世界各地的生态系统，破坏了生态系统的复杂性。比如，人类的猎杀导致狐狸减少，野兔和鼠就会增多，就可能危害草原植被，此时如果有较多数量的猫头鹰，这个生态系统仍然能够较为稳定。但是，杀虫剂大量灭杀昆虫后，影响了鸟和蛙的食物来源，鸟和蛙的减少又影响蛇，进而影响猫头鹰的食物来源，最终草原生态系统的猫头鹰数量就可能急剧减少。

　　此外，生态系统里的生产者也需要具有多样性。假设只有一种植物，当发生极端干旱等环境灾害时，万一这种植物不能存活，那么整个食物网络就会崩溃，所有的生物都将缺乏食物。由此可见，只有保证生物多样性，才能保障健康的生态系统，我们人类才会有安全的环境和充足的食物。

北美河狸的悲剧

加拿大河狸家族联手打造"超级大坝"

据国外媒体报道，在加拿大伍德布法罗国家公园的南端，一群河狸建起了一条"超级大坝"，它的长度是"美国七大现代土木工程奇迹之一"胡佛水坝的两倍，甚至从太空都能看到。

河狸是一种濒危半水栖动物，是加拿大的国宝，现存数量最多的地方在北美。它们喜欢用树木、泥土和石头建造水坝，并把自己的窝筑在坝上，这样就可以通过自己的游泳技巧来躲避天敌。一般的河狸坝长度约为460米，但伍德布法罗国家公园的这条河狸坝却有850米长，令生物学家大为震惊。据说，这条"超级大坝"是几个河狸家族共同建造的，它们整天都在扩建和修补自己的这一庞大建筑，用了几千棵树，耗时四十多年。

你能想象吗？下面这张照片中的水坝竟然是由一种叫河狸的动物建造的。河狸是一种长着大门牙、拖着扁平大尾巴的啮齿类哺乳动物，被誉为"大自然最杰出的土木工程师"。河狸的牙齿非常锋利，一只河狸只花一个小时就可以咬断直径为10 cm的一棵树。

　　河狸之所以筑坝，是因为它们需要住在有一定水深的水塘边或水塘中的巢穴里，巢穴的出入口隐藏在水底，这样有助于它们躲避狼、野猫、熊等天敌。天然河道的水深随季节变化，雨季水深增加，旱季则会变得很浅。为了保障旱季的水深条件，河狸啃咬树木，用树枝筑坝拦截河水并经常维护，使水塘的水深能保持在大约 1.2 米。就像我们人类的水利工程，河狸的水坝能够使河流保持较高且稳定的水位，河流两岸因此形成沼泽湿地。这些湿地土壤肥沃，养育着种类繁多的生物，也是鸟类的重要栖息地。由此可见，河狸坝极大地促进了生物的多样性，怪不得有人说"除了人类之外，河狸是少有的能够通过辛勤劳动改善自然生态环境的动物之一"。

　　据估计，在欧洲人到达之前，大概有 6000 万—2 亿只河狸栖息在占北美洲大陆面积约 60% 的河流湿地中。然而，在 16 世纪晚期，欧洲的上流社会开始流行河狸毛毡帽子。虽然其他动物的皮毛也可以用于制作毛毡帽子，但河狸皮是公认的最好的原材料，因为河狸身上有一层柔软的绒毛，上面带有微小的倒刺，可以使绒毛非常密实地压在一起，制成的帽子既柔顺，又有特别好的防水效果。当时整个欧洲上流社会普遍以穿戴皮毛为荣，并且把河狸皮帽子的尺寸和形状作为社会地位的象征。由于上流社会对河狸皮毛需求旺盛，从事皮毛生意的人可以获得极高的利润，因此整个欧洲的河狸很快被猎杀殆尽，紧接着北美洲的河狸在 17—19 世纪遭到了大规模的杀戮。当时的人类猎杀河狸可以说毫无节制，举例来说，1620—1630 年，在北美洲东海岸每年被猎杀的河狸超过 1 万只，1630—1640 年，每年被猎杀的河狸数目增加到超过 8 万只。一个地区的河狸被猎杀完后，他们就向另一个地区转移。到 18 世纪末，每年被猎杀的河狸数量上升到 26 万只，北美东海岸的河狸几乎消失。19 世纪初，贪婪的猎杀者又追逐到北美的西海岸，而且猎杀数量继续上涨。直到 20 世纪，由于皮毛价格过高，丝绸成为新的流行服饰，再加上如火如荼的环保运动，对河狸的大规模猎杀才终于停止。今天，北美河狸的数量已经恢复到 1000 万—1500 万只。

　　人类对河狸的猎杀，极大地破坏了北美的生态系统。那些被废弃的水坝，因为失去了河狸的维护，逐渐在水流的冲刷下消失，水坝上游的湿地因此干涸，很多植物因缺水而枯败死亡，失去植物保护的土地，水土流失日益加剧，河流沿岸的土壤也不再肥沃，大量的生物失去栖息地，生物多

河狸的食谱包括柳树、百合、桦树等植物，河狸将它们堆放在这里，作为食物储备。

样性遭到严重破坏。2013 年发表的一项科学研究还认为，河狸水坝对调节全球气候也有重要作用，因为在由河狸筑坝形成的这个生态系统里，大量的碳被埋藏在水坝边的湿地，从而减少了大气中温室气体比如二氧化碳的含量。

温室气体，指大气中的水汽、二氧化碳、甲烷等气体，这些气体仿佛为地球穿上了一件外套，使地球不那么容易失去热量。

河狸如何调节气候

2013 年，在科学期刊《地球物理快报》上，发表了一篇关于河狸在调节全球气候中作用的学术论文。论文作者调查了美国科罗拉多州落基山国家公园里的"河狸草甸"——河狸所建水坝上游地区的湿地和漫滩，通过从"河狸草甸"采集土壤样本并测量里面的碳含量，估算在这个地区的"河狸草甸"中总共埋藏了多少碳。

研究者认为，河狸坝抬高水位后，在常年被水淹没的草甸中，死去的植物残体很少接触氧气，因此不易腐烂，木材可以在这样的环境里保存 600 年。如果河狸坝被破坏，水位下降，土壤变干，这些木头、草茎就会被细菌分解，变成水和二氧化碳，从而增加大气中温室气体的含量。科学家的测量和估算显示，"河狸草甸"的土壤中，碳的含量达到 12% 左右，但在失去河狸之后，这些土壤中的碳含量下降到 3.3% 左右，这两者之间的差值就是被释放到空气中的碳。因此，17—19 世纪，欧洲人对河狸"地毯式"的杀戮，造成北美洲大量温室气体的排放，可能对全球变暖有实质性的作用。

河狸会在水面以上的位置繁殖、育幼。

热带雨林变成橡胶园

橡胶树，原产于亚马孙热带雨林，喜欢高温高湿的环境，不耐寒，要求年平均温度 26℃—27℃、年平均降水量 1150—2500 毫米。在印第安人口中，这是一种"会哭的树"，因为只要切开树皮，就会流出乳白色的胶汁。

美洲的印第安人很早就会利用橡胶树的胶汁，在被欧洲人发现之前，美洲人使用橡胶可能已经有几个世纪或上千年。在玛雅古国的重要城邦科潘遗址（繁荣于公元 426—810 年），人们发现了橡胶球竞技场。《1493：从哥伦布大航海到全球化时代》中这样写道：他们用来提取橡胶的办法，是在橡胶树的树干上划出一个 V 形的口子。乳胶会从最下面的一点流入容器中，这容器通常是一个被挖空的葫芦，被预先绑在开口的下端。印第安人为了从乳胶液中获取橡胶，会先将它放入沸水中慢慢地煮，然后放在火上一边拉伸一边烘烤，最后再将烤好的乳胶放入坚硬的管子、盘子，以及其他可用的器皿中。他们还会将帽子和斗篷浸入液态的乳胶中，以此来达到防水的效果。

欧洲人一直没有很好地掌握橡胶的使用方法，因为纯橡胶一遇到冷天气就变得又硬又脆，一遇到热天气又会融化。直到

查尔斯·古德伊尔出生于美国康涅狄格州纽黑文，他从未上过正规的技术学校，青年时代在父亲的铁器店工作。为了改善橡胶，他不顾生活贫穷，经过十几年反复钻研，终于在 1839 年发现，天然橡胶和硫黄粉混合加热后可以成为遇热不黏、遇冷不硬的高弹性材料。

19世纪，一个名叫查尔斯·古德伊尔（Charles Goodyear）的美国人——他一直在狂热地研究橡胶——偶然发现被硫黄处理过并且被火烤过的橡胶具有很好的弹性，也不会变形。他把一些经过硫黄处理的橡胶（这种橡胶后来被称为硫化橡胶）送给了一个名叫汤马斯·汉考克的英国人。汉考克是一名工程师，拥有实验室，他通过实验证实了硫化橡胶在任何天气条件下都不会变形或失去弹性。1844年，英国政府将硫化橡胶的发明专利授予汉考克，同年，古德伊尔

为纪念"橡胶之父"查尔斯·古德伊尔，弗兰克·史伯林兄弟把自己创建的公司命名为固特异轮胎与橡胶公司。如今，GOODYEAR（固特异）成为全球知名轮胎品牌。

也获得了美国政府授予的发明专利。1851年，古德伊尔参加了在伦敦举行的第一届世界博览会（万国工业博览会），并在博览会上搭建了一个橡胶房间；四年后，他又在巴黎举行的第二届世界博览会上展示了一座橡胶屋，屋子里的所有物品都用橡胶制作。古德伊尔的这些努力极大地推广了硫化橡胶，使橡胶从此成为一种重要的工业材料。今天，我们的生活中随处可见橡胶，比如各种车辆的轮胎、各种机器里的橡胶传送带和橡胶垫圈、电线的绝缘层，甚至是我们日常使用的橡皮，都是用橡胶制作的。

地球上最神奇的"生命王国"

热带雨林是分布在南、北回归线之间的热带地区的森林生态系统，常见于南美洲亚马孙流域、非洲刚果河流域、东南亚、澳大利亚北部、中美洲和众多太平洋岛屿。我国的西双版纳也有热带雨林。热带雨林地区常年气候炎热，一年内气温变化很小，雨量丰富。那里的植物种类特别多样，植物生长十分密集，乔木可高达30米。乔木和灌木上挂满藤本植物，好像一道道稠密的网。乔木、灌木或藤本植物的树干、枝丫甚至叶片上，还长满了附生植物，如藻类、苔藓、地衣、蕨类以及兰科植物，看起来仿佛披着一层厚厚的绿衣。热带雨林中的植物全年都在生长，没有共同的落叶期或休眠期，所以一年到头都有植物开花结果，森林常年呈现一片绿色。热带雨林中的动物资源也非常丰富，有个形象的描述是"找到一百种昆虫，要比找到一百只同种昆虫容易得多"。一句话，热带雨林是生物多样性的典型代表。

我要去航海

　　起初，世界各地的橡胶都产自巴西的亚马孙热带雨林，但其他国家都不愿意看到橡胶被巴西垄断。1870年代，英国政府向世人公告收集橡胶树种。一个名叫亨利·亚历山大·威克姆的英国人在南美收集了7000棵橡胶树种运回伦敦，最终有不到3000棵发芽长成小树苗。随后，英国人把这些小树苗运送到他们在亚洲的殖民地——同样拥有热带雨林的斯里兰卡和马来西亚。到19世纪末20世纪初，斯里兰卡和马来西亚的橡胶产量就超过了巴西。

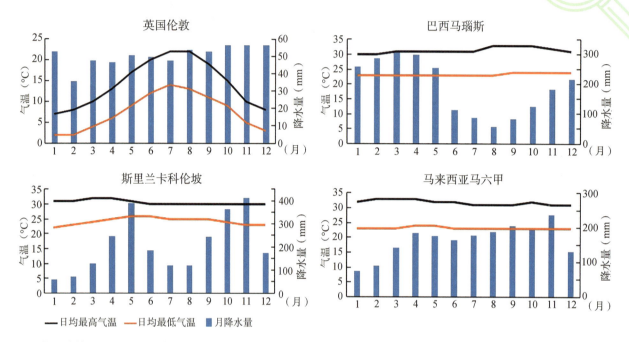

英国伦敦和巴西马瑙斯、斯里兰卡科伦坡、马来西亚马六甲1—12月的气温和降水量对比（数据来自天气网）

想一想

　　根据上图，分析英国人为什么要把培育出的橡胶小树苗运送到斯里兰卡和马来西亚种植。

　　为了便于收割、加工橡胶，人们砍掉大量的原始森林，种上一排排整齐的橡胶树，但这种变化造成了很多环境问题。比如在我国的西双版纳，人们观察到橡胶种植园内，许多雨林特有的动物物种明显减少甚至消失。橡胶林中蜜蜂的种数只有雨林环境的20%，软体动物的种数不足雨林环境的51%，有一些鸟类也消失了。相反，病虫害大面积暴发。因为缺少天敌，人们不得不使用大量的农药杀虫，但抗药性的出现导致病虫害依然频繁发生，最终危害橡胶林。对比亚马孙原始雨林，一棵橡胶树和另一棵橡胶树之间隔得很远，就算一棵橡胶树得了病虫害，也不会传染给别的橡胶树。

　　热带雨林（上）和人工橡胶林（下）的对比。原始的热带雨林植被非常稠密，生物丰富多样，环境潮湿，多雾气，林下土壤肥沃；人工橡胶林植被单一，环境干燥，林下土壤缺乏天然营养物质来源。

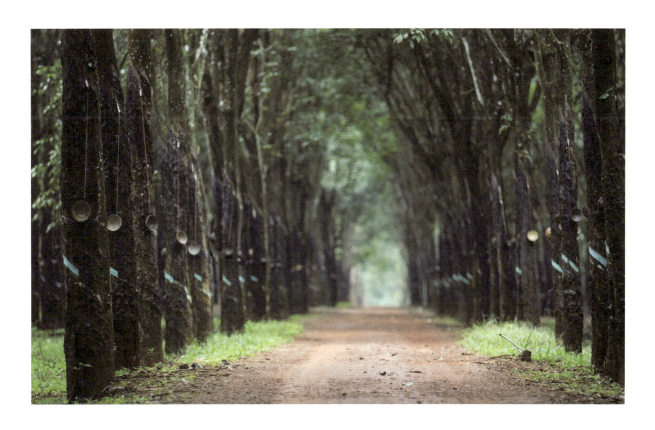

亚马孙雨林面积减少：每分钟消失 6 个足球场

　　巴西亚马孙热带雨林研究所（IBAM）的 2011 年度亚马孙热带雨林保护计划指出，"由于人为因素，从 2003 年 8 月到 2010 年 8 月，巴西亚马孙地区的热带雨林减少了约 20 万平方公里，接近 10 个巴尔巴尼亚的国土面积，而与 400 年前相比，亚马孙热带雨林的面积整整减少了一半"。同年，巴西环境部长玛丽娜·席尔瓦在世界雨林保护大会上呼吁："人类应该积极保护亚马孙热带雨林，当前雨林的减少速度相当于每分钟 6 个足球场大。"

　　亚马孙热带雨林位于南美洲的亚马孙流域，是世界上最大的热带雨林区，占地球上热带雨林总面积的 50%，森林总面积的 20%，在地球上已存在至少 5500 万年。美国的生物科学杂志曾指出："亚马孙雨林内有 250 万种昆虫、数以万计的植物品种，以及 2000 种雀鸟和哺乳动物，对人类研究生命的起源有着至关重要的地位。"据巴西政府统计，每天外国的木材公司平均砍伐森林 100 万棵，数以万计的热带雨林被当作商品消耗，人们在无节制地挥霍着宝贵的财富。2011 年，环保专家统计，亚马孙热带雨林的破坏已加速全球变暖的步伐，人类赖以生存的氧气已经减少了三分之一。

　　美国学术期刊《地质学》分析，"如果继续无节制地破坏亚马孙热带雨林，到 2020 年，亚马孙热带雨林将达到退化的临界点，水土流失将达到最强级别，泥石流等自然灾害将会更加频繁"。由于热带雨林的砍伐，这里每天都至少消失一个物种。根据美国《科学》期刊的预测，"随着热带雨林的减少，十年后，至少将有 50—80 万种动物灭绝"。

　　备注：最新的研究显示，亚马孙雨林的旱季在变长，干旱事件使最喜潮湿的树种正在死亡，而那些适应了较干旱气候的树木，比如巴西坚果，则繁荣生长，雨林有可能演变为干旱的灌木丛林地，生物多样性将极大下降。

（《科技日报》，2012 年 2 月 9 日）

前哥伦布时代的美洲文明

哥伦布大航海也给美洲的印第安文明带来了毁灭性的灾难。在哥伦布到达美洲之前，美洲的印第安人曾经创造了辉煌灿烂的古老文明，其中包括欧洲人到达之前已神秘消失的奥尔梅克文明和玛雅文明，以及在欧洲人杀戮下毁灭的阿兹特克帝国和印加帝国。

目前，人们对奥尔梅克文明的了解还十分有限，一般认为公元前 1200—公元前 400 年，在今天的墨西哥中南部生活着奥尔梅克人。他们建造了大型的金字塔、宫殿，有巨大的花岗岩石雕像（高 3 米多）；他们制作玉器和石头面具，可能使用象形文字；他们主要的粮食是玉米和马铃薯；他们拥有橡胶球竞技，崇拜半人半虎神和羽蛇神。

玛雅文明主要存在于墨西哥和中美洲，有 3000 多年的历史。玛雅人通常每二十年立一块石碑，石碑上雕刻有人像——据推测，最大的人像可能是祭司，另有很多符号和文字，也许记录了他们的历史。人们曾经发现在一个祭坛上刻着四个盘腿而坐的祭司，每人身上刻着象形文字，右手拿着一本书，因而推测这些祭司正在讨论天文学。玛雅人精通天文学，比如：他们算出地球绕太阳公转一年的长度是 365.2420 天，这和现代的精确测量值 365.2422 天仅相差 17.28 秒；他们算出月亮绕地球一圈的时间为 29.5302 天，和现代科学家测定的结果 29.530588 天也非常接近；他们还能够准确地预测日食和月食。

著名的玛雅金字塔

位于今天洪都拉斯的科潘，是玛雅文明的一个重要城邦。科潘遗址于 1576 年被西班牙殖民者发现。自 19 世纪早期，美国的考古学家一直在那里发掘，至今已有近百年。中国考古队从 2015 年 7 月起也对位于科潘遗址编号 8N—11 的贵族居址进行了为期四年的考古发掘，其间不断有精美雕刻和珍贵文物出土，包括与中国龙首酷似的羽蛇神头像、玉米神头像、陶制焚香器盖、玉器和黑曜石器等。

科潘考古：一次跨文明探险

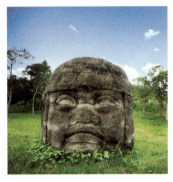

奥尔梅克人的花岗岩雕像

科潘遗址分布在长 13 公里、宽 2.5 公里的科潘河谷内，核心区面积大约 15 万平方米，是城邦的都城所在。城内核心区由仪式广场、金字塔、球场和王宫组成，而位于核心区西南和东北，尚有两个贵族居住区有待开掘。两个贵族区之间，有白色石灰的道路相连。

核心区长宽各约 1 公里，北部是科潘第 13 王兴建的大仪式广场，作为在公众面前举行祈求丰产等各种仪式的场所。重要仪式之后，他将自己的盛装形象雕刻成高大的石像，树立在广场中间。中央区有科潘第 15 王建造的象形文字台阶金字塔，其西侧台阶宽达 10 米，有 62 级，均用雕刻有象形文字的切割石块砌成，共有 2200 个文字，是玛雅世界现存最长的文字资料。这些文字记录了从科潘第 1 王开始历代国王的在位年代和主要事迹。金字塔旁边是科潘球场，玛雅人用橡胶球在此比赛。西区的中央是最后一任国王建造的 Q 号祭坛，它的四个侧面上，雕刻着 16 任国王薪火相传的场面。旁边修建了高大的第 16 号金字塔，是整个王城地位最崇高的"圣山"。

（《三联生活周刊》，2018 年第 12 期）

15 世纪末 16 世纪早期西班牙人到达时，玛雅文明便已衰落，阿兹特克帝国和印加帝国是拉丁美洲当时最强大的两个国家。阿兹特克帝国在公元 1521 年被西班牙人摧毁，人们对这一文明知之甚少。

南美洲的安第斯山脉地区于约公元前 900 年也发展出同样灿烂的文明。在西班牙人到来之时，占据统治地位的是印加帝国（公元 1476—1530 年）。当时的印加帝国疆域辽阔，北至今天的哥伦比亚南部，南到智利中部，西临太平洋，东到亚马孙丛林和今天的阿根廷北部。印加人驯化了羊驼，不仅用它们来运输物品，还用它们的毛来制作服装。印加人也擅长金属合金的冶炼和

位于高山之巅的印加遗迹——马丘比丘

加工，所以印加帝国被称为"黄金之国"。传说印加君王阿塔瓦尔帕被西班牙人皮萨罗捉住后，印加人给皮萨罗堆满三间屋子的黄金，想要赎回君王，但皮萨罗最终还是残忍地杀死了阿塔瓦尔帕。

位于秘鲁南部的马丘比丘是保存较好的印加遗迹。人们猜测马丘比丘可能是印加人的祭祀中心或贵族别墅。它建于高山之巅，层层梯田绕山而建，田埂由鹅卵石和石块堆砌而成。每层梯田都有"看田人小屋"，梯田最高处有"守望者之屋"。山崖上的古城被石墙环绕，分为上城区（贵族、神庙、祭坛）和下城区（平民）。太阳神庙是古城唯一的圆弧形建筑，弧形围墙上那两扇不起眼的窗户可分别在夏至日和冬至日把阳光引入神殿。

但在大航海初期，相比亚洲和欧洲，美洲的印第安文明比较落后，比如停留在石器时代和铜器时代，只有象形文字和结绳记事，没有车马，传递消息靠信使奔跑。这些差距是导致美洲文明快速毁灭的重要原因。

假设印第安人如考古学家张光直所说是"东北亚人群迁移到美洲，和中国文明有相同的祖先"，那么为什么哥伦布到达时他们的文明与中国同时期相比落后这么多？有一种观点认为这是因为美洲环境闭塞，缺乏文化交流。从地图上看，美洲的轮廓为南北狭长形，与亚欧大陆东西向的延伸形成鲜明对比。研究者认为，由于美洲大陆南北向不同纬度之间气候变化显著，热带地区的人们不能适应寒冷地区的生活，高纬度地区的人们也难以适应低纬度的热带气候，导致不同文化孤立发展。而亚洲和欧洲东西向不同文化之间的交流源远流长，比如陆上丝绸之路和海上丝绸之路。反观美洲大陆，东西都是广袤的海洋，在大航海之前，世界上大多数人甚至都不知道美洲的存在。

天花与帝国的覆灭

　　欧洲殖民者不仅屠戮和奴役印第安人，还带来了旧大陆的细菌和病毒。随着航海者的到来，天花、麻疹、鼠疫、斑疹伤寒、霍乱、疟疾和黄热病等各种传染病开始在印第安部落中传播。由于美洲原住民长期生活在相对隔绝的环境中，体内缺乏相应的抗体，所以疾病蔓延的速度非常快，印第安人成批成批地倒下。以哥伦布建立据点的伊斯帕尼奥拉岛（海地）为例，1492 年前夕，有近 30 万印第安人在岛上生活，到 1496 年，哥伦布第二次航海结束时，印第安土著人口减少了三分之一，到 1508 年，土著人只剩下 6 万人，1514 年剩下 1.4 万人，到 1558 年，只有不足 500 人。

　　在这些疾病中，天花是导致阿兹特克帝国和印加帝国灭亡的重要原因。天花是一种烈性传染病，感染天花的人会出现高烧、浑身乏力、恶心呕吐和严重的皮疹，治愈后脸上会留下麻子。天花病毒可通过病人穿过的衣物、用过的床单和被褥传播，传染性极强，致死率很高，许多患者在皮疹发作的头几天就会死去。1519 年，西班牙人埃尔南多·科尔特斯率领部下经大西洋航行，初次登陆墨西哥湾，受到阿兹特克皇帝的欢迎，被邀请进入首都特诺奇提特兰。次年，西班牙人再次到达特诺奇提特兰，对阿兹特克人进行屠杀，但被阿兹特克人成功反击。西班牙人逃离后，于 1521 年再次围攻特诺奇提特兰，但这次他们没有再遇到强有力的抵抗，因为此时城内大部分阿兹特克人已经因感染西班牙人带去的天花病毒而死亡，就连皇帝也未能幸免。

彩色透射电子显微镜下的天花病毒

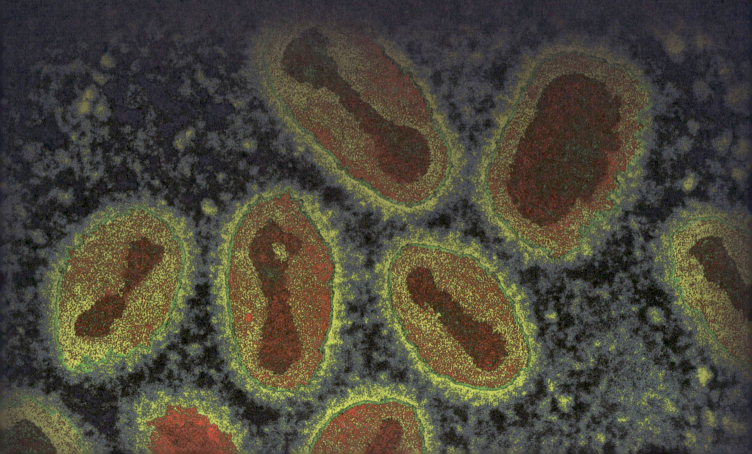

之后，天花疫情向整个中美洲扩散，最终登陆南美洲大陆。大约 1527 年，在印加帝国北部城市基多，印加国王感染天花而亡，他临死前指定的继承人不久后也被天花夺去了性命。就这样，印加帝国内部爆发了一场为争夺王位而发动的战争，赢的一方屠杀了输的一方及大量与其有牵连的贵族和平民，同时又有大批的印加人丧命于天花。此后，西班牙人弗朗西斯科·皮萨罗只带了不到 200 人的乌合之众，就征服了拥有数百万臣民的印加帝国。

关于哥伦布到达之前的拉丁美洲为什么没有天花、流感、麻疹等疾病，美国生理生物学家贾雷德·戴蒙德解释道：这些疾病的病原体大多来自人类养殖的动物，麻疹、天花、肺结核来自牛，流感来自猪和鸭，百日咳来自猪和狗，恶性疟疾来自鸡鸭等禽类。在拉丁美洲，除了羊驼和火鸡，印第安人没有驯化其他动物，也没有和养殖的家禽、家畜共同居住、密切接触，所以也就不会从动物那里感染病菌。麦哲伦船队于 1521 年到达亚洲的菲律宾群岛后，菲律宾也遭到了西班牙人的殖民和奴役，但当时菲律宾人没有因疾病大量死亡。这可能是因为菲律宾群岛上的居民早与亚洲大陆频繁交流，所以对来自动物的病菌具有抵抗力。

据研究，15 世纪末，美洲大陆本来生活了大约 6000 万印第安人，占当时世界人口约 10%。但是，哥伦布到达之后，因为疾病、战乱，到 16 世纪末，美洲原住民只剩下 500—600 万人。在不到 100 年的时间里，超过 90% 的印第安人失去了生命。

疟疾阴影笼罩北美洲

疟疾，是由一种叫疟原虫的寄生虫引起的传染病。这种寄生虫先在蚊子体内大量繁殖，人类一旦被携带疟原虫的蚊子叮咬，就会感染疟疾，出现发烧、战栗和呕吐症状，如果放任不管，就会导致贫血、癫痫、昏迷甚至死亡。当蚊子叮咬了患疟疾的病人后，疟原虫随之进入蚊子体内，并寄生于其唾液中，当这只蚊子下次再去叮咬别的人时，疟原虫就会随之进入人体。在 1950 年代之前，全世界每年有超过 600 万的人口死于疟疾。

大航海时代，成千上万的欧洲人怀着梦想横渡大西洋，想要在美洲开辟一个新世界。17 世纪，随着英国航海事业的崛起，英国人也开始在北美洲殖民，但很多人刚到美洲一年就死了，其中大量的人口死于疟疾，这是为什么呢？

其实，美洲原本是没有疟原虫的，这种寄生虫多生活于欧洲和非洲气候温暖的地方，因为它们在蚊子体内的繁殖速度和环境的温度有关，温度越高，繁殖得就越快。随着温度下降，疟原虫繁殖所需的时间变长，甚至长过了蚊子的寿命，因此它们无法完成繁殖。

受限于环境和温度，携带疟原虫的蚊子本来在英国并不多见。但 16 世纪末，英国女王鼓励农民把海边的沼泽开垦为农田，以增加粮食产量，养活更多的人口。海边的沼泽和海洋相通，经常受到潮水和波浪的冲刷，蚊子的幼虫来不及在这种环境里成长为成虫就会被海水冲走。但是，

传说南美的印第安人最先发现金鸡纳树的树皮可以治疗疟疾，后来被欧洲人发现和传播。不过，直到1820年，法国化学家佩尔蒂埃才从金鸡纳树皮里提取出奎宁（也叫金鸡纳霜），并且弄明白了奎宁治疗疟疾的原理。金鸡纳树原产于南美洲安第斯山脉，英国人于19世纪中期将金鸡纳树种子运到印度尼西亚大量种植，后来印度尼西亚成了全世界金鸡纳树的主要产区。20世纪60年代，疟原虫对奎宁产生耐药性，此后中国科学家屠呦呦等人成功提取青蒿素，可以有效治疗疟疾，屠呦呦也因此分享了2015年的诺贝尔生理学或医学奖。

随着沼泽变成农田，很多死水坑的出现，为蚊子的繁殖提供了良好条件。同时，沼泽附近居民点的增加，为蚊子和疟原虫度过寒冷的冬天提供了庇护所。所以，在17世纪早期，英国的东南部沿海地区开始大规模暴发疟疾。

人们推测，英国东南部的疟原虫很可能随着航海者被传播到了北美洲。一方面，前往北美洲的殖民者中，有不少人来自暴发疟疾的英国东南部沿海地区；另一方面，前往北美洲的航船在出发前，往往会在英国东南部的泰晤士河沿岸停留数周到数月，这段时间，疟原虫就有很大的机会进入航海者体内。虽然一些疟疾症状明显的人不会去航海，但一些身体强壮的人却可能带着疟原虫，横渡大西洋到达美洲。另外，那些携带疟原虫的蚊子，也可能跟着人类进入船舱，渡过大西洋。研究者认为，疟疾在1640年代甚至更早就到达了美洲大陆。北美洲东海岸的弗吉尼亚是英国在美洲建立的第一块永久殖民地，1650年前后刚从英国到达弗吉尼亚的人口中，有20%—30%死于疟疾。疟疾也导致美洲的印第安人大量死亡，一些印第安人部落甚至因此被灭绝。

殖民者需要劳动力

1493年9月至1496年6月，哥伦布第二次航海期间，他的船队以及后续因他要求的三次补给船队，把旧大陆各种农作物和牲畜运往美洲。他们发现，农作物在美洲长得很好，"8天的长势相当于在西班牙的20天"，"欧洲作物在伊斯帕尼奥拉（海地）的确生长成熟得非同一般地快。例如小麦，一月份才播种，三月份便可收割"。哥伦布的船队向美洲输入的农作物有小麦、大麦、稻子、葡萄、甜橙、黄瓜、豌豆、洋葱、甘蔗等。各种家畜，例如猪、牛、马等到了美洲后也生长得很好。出口牛皮和蔗糖逐渐成了殖民者在海地岛的两大经济支柱，仅在1587年，海地岛就向西班牙出口了3.5万多张牛皮。

在那些农作物中，甘蔗尤其受到青睐，因为人们发现可以从甘蔗中提炼出蔗糖和糖蜜，后者发酵后产生酒精，经过蒸馏就能获得朗姆酒。在此之前，糖是一种十分稀有、昂贵的调味品，只

朗姆酒是一种用甘蔗汁、甘蔗糖浆或甘蔗蜜糖蒸馏而成的酒

在甘蔗种植园的庄园主眼里，黑奴成了完美的劳动力，既不受法律保护，又没有人身自由权。

有少数皇亲贵族才能享用。肥沃的土壤、充足的阳光、适宜的气候，使甘蔗在美洲这片土地上迅速生长，糖的产量大大提高，从此平民也有机会品尝糖的滋味。随着人们对糖的需求量不断上升，殖民者开始在美洲种植更多的甘蔗，一个又一个甘蔗种植园如雨后春笋般涌现。但无论是种植甘蔗还是提炼蔗糖，都需要大量的劳动力。由于疾病和战争已导致印第安人口所剩无几，因此殖民者开始购买非洲黑人作为奴隶在种植园劳动。16 世纪中叶，美洲出现了拥有 150—200 个奴隶的农场，有些农场的奴隶数量甚至达到 500 人以上。1550—1650 年，有 65 万非洲奴隶被船只运到西班牙和葡萄牙在美洲的殖民地。

17 世纪中叶，因为疟疾的暴发，英国人在北美洲的种植园也出现了劳动力不足的问题。一些种植园主开始使用比较廉价的非洲奴隶，结果发现非洲奴隶更容易活下来。原来，在西非和中非，很多人天生就对疟疾有抵抗力。于是，越来越多的种植园主开始使用非洲奴隶，英国人从此成为世界上最大的奴隶贩子。17 世纪后半期，每年有 7000 名以上的奴隶被贩卖到北美洲的弗吉尼亚。

随着奴隶贸易的规模迅速扩大，贩卖奴隶的商船频繁到达非洲几内亚湾，形成了臭名昭著的"黑三角贸易"路线。奴隶们被当成货物运输和贩卖，无数人死于贩运途中的恶劣条件，从非洲几内亚湾到美洲加勒比海的中央航路，也被称为"地狱之路"。据估算，1500—1840 年，有 1170 万非洲黑人被贩卖到美洲，哥伦布大交换最终造成了非洲—美洲的人口大交换。同时，奴隶贸易还导致非洲青壮年劳动力锐减，对非洲的社会经济发展造成极大的破坏。

黑三角贸易始于 16 世纪，持续了约 400 年之久，是以贩卖黑人奴隶为主的航海贸易。当时，欧洲的奴隶贩子从本国出发，先沿海岸南下至非洲几内亚湾，在非洲购买奴隶后，沿"中央航路"横渡大西洋到达美洲西印度群岛，在美洲出售奴隶，并购买糖、烟草等货物返回欧洲，如此构成一条近似三角形的航线。又因为贩卖的是黑色人种，所以被称为黑三角贸易。

海上地狱

从非洲海岸横渡大西洋向美洲贩卖奴隶的路线被叫作"中央航路"(Middle Passage)。这段路程一般需要50—80天,有时候甚至长达六个月之久。被从遥远的非洲内陆带到海边的奴隶们本身已经非常虚弱,这时,再让他们进行如此长距离的航海是一件非常痛苦的事情。奴隶商船通常是排水量为100—300吨的小型船舶,但只追求商业利益的商人们总是想在船上装载更多的奴隶。甚至有时候他们会在船的底舱里塞进500名奴隶,让这些奴隶们如同罐头盒中的沙丁鱼一样摞着穿越大西洋。船舱里的空气非常浑浊,如果点着蜡烛进去,蜡烛就会因为氧气不足而熄灭。因此,为了维持奴隶的身体健康,船员们偶尔会把奴隶们带到甲板上强制他们运动。这当然不是出于人道主义精神,而只是为了更加安全地将这些廉价"货物"运送到目的地而已。船员们挥舞着鞭子,强制奴隶们在甲板上跳舞。船上生活最大的问题就是大小便问题。在船上,船员们规定奴隶们只能到固定的地点大小便,但是,由于奴隶都是被锁在一起的,移动起来非常不方便。所以,很多时候,奴隶们需要躺在自己或者他人的粪便上睡觉。航行在大西洋上的奴隶商船可谓是"海上地狱"。

(节选自朱京哲《深蓝帝国》)

大航海与工业革命

你将了解：

王室权力与皇家海盗及资产阶级的诞生

环球航行促使达尔文提出进化论

成为一个科学家需要哪些好习惯

不同的财富分配方式

大航海和大交换使欧洲诸多国家通过掠夺和殖民获得大量财富。最先进行航海探险的葡萄牙和西班牙，曾把全世界分为东西两个半球进行利益瓜分，比如 1500—1650 年，超过 180 吨黄金和 16000 吨白银从美洲运往西班牙。不过，葡萄牙和西班牙虽然掠劫了如此多的财富，其海上霸主的地位却很快被后来者荷兰和英国所取代，其中一部分原因在于荷兰和英国重视海图共享与海洋测绘。那么，还有没有别的原因呢？历史学家和经济学家认为，把财富用对地方，才是英国后来者居上的根本原因。

大航海时代，葡萄牙和西班牙掠劫所得的巨额财富大多被王室和贵族控制。势力强大的王公贵族把这些财富大量用于购买奢侈品、兴建宫殿和教堂、扩充军备等，而不是用来发展能够让国家真正富强起来的工商业，因为他们不愿意看到新兴工业和商业力量的崛起，怕自己有朝一日被新兴势力所取代。在社会风气的影响下，本国的穷人宁愿去冒险也不愿意劳动，各种商品主要从手工业较发达的荷兰和英国进口，就连粮食也从国外进口。在西班牙，从事工商业的人员普遍受到歧视，贵族则享有各种特权和极高的社会地位，这造成很多人获得财富后就去购买贵族头衔和地产，而不再将金钱作为资本投入工商业，比如扩大生产规模等。

王室及贵族对奢侈品的需求和对工业的压制，反倒为荷兰、英国等周边国家提供了发展工业的机会。1675 年，有个西班牙贵族曾如此夸耀：让伦敦随心所欲地生产纤维吧，让荷兰满意地生产条纹布吧，让佛罗伦萨满意地生产衣服吧，让西印度群岛生产海狸皮和驮马吧，让米兰满意地生产织棉吧，让意大利和弗兰德斯生产亚麻布吧，我们的资本会满足它们的。唯一可以证明的是，所有的国家都在为马德里训练熟练的工人，马德里是所有议会中的女王，整个世界都在服侍她，而她不必为任何人服务。

但事实是，工商业，尤其是工业，对经济发展和国力增强极其重要，因为工业可以生产各种具有实用价值的产品，改善人类的生活条件。比如：生产出农业工具，提高农业生产的效率；生产出交通工具，提高运输能力，促进地区之间的交流。由于从美洲流入的金银相当于我们现在使用的货币，并不是具有实际使用或食用价值的物品，因此当流入金银过多，本国工业得不到发展，生产的产品又数量有限时，物价开始飞涨，这就是通货膨胀。17

通货膨胀，也就是在一定时间内物价水平持续上涨的现象。

黄金塔坐落在西班牙塞维利亚的瓜达基维尔河畔。大航海时代，从南美运过来的黄金、白银，到达塞维利亚后都被存储在这里，由重兵把守。

西班牙无敌舰队，是西班牙16世纪晚期的海上舰队，有超过150艘大战舰、3000余门大炮和数以万计的士兵，最强盛时有千余艘舰船。

世纪初，西班牙的平均物价水平比发现美洲前上涨了4—5倍，但普通平民的收入的上涨速度远远跟不上物价的上涨速度，由此可见从殖民地涌入的财富反而使老百姓的生活变得更加悲惨了。

另外，当时西班牙和葡萄牙的天主教势力十分强大，政府利用宗教裁判所和教会控制人们的思想。王室对天主教非常狂热，葡萄牙国王塞巴斯蒂昂曾将征服异教徒作为自己的使命而向其他国家发动战争，结果惨遭失败，自己也死在战争中。由于当时的宗教势力容不得任何人提出异议和新思想，那些掌握了比较先进的科学技术的人才被迫纷纷逃离。科技力量缺乏，工农业衰败，难怪西班牙、葡萄牙最终会败于其他新崛起的国家。

葡萄牙和西班牙运回的一船船黄金白银，令周边国家眼红不已。于是，大西洋上出现了一种武装商船，专门袭击、抢劫西班牙运输船队。这种武装商船被称为私掠船，又叫皇家海盗，因为他们拥有当时的英国女王——也就是伊丽莎白一世——颁发的"私掠许可证"。这些私人的海盗船可以合法地攻击和掠劫别国商船，王室则按一定比例瓜分掠劫所得的财富。此后，其他国家也纷纷效仿。英国女王为什么要颁发"私掠许可证"？不同于西班牙王室的绝对权力，英国王室的权力受到议会的限制。英国《权利法

私掠许可证，也就是在战争期间授权私人驾驶武装民船来攻击、俘获和抢劫敌国商船的正式公文。

案》规定，不经议会同意，国王不能征税。换句话说，女王通过颁发"私掠许可证"，可为王室增加不少收入。据估计，1585—1604 年，英国每年至少有 100—200 只私掠船在大西洋抢劫西班牙运输船队。

随着私掠船事业日益兴旺发达，英国政府不仅积累了巨额财富，还增强了海上作战力量，建立了强大的海军。16 世纪下半叶，英国海军终于打败西班牙无敌舰队。随后，英国在 17 世纪与荷兰发生了三次战争，18 世纪赢得了对法国的七年战争，成为新的海上霸主，在世界各大洲建立殖民地，自称"日不落帝国"。另外，由于私人拥有越来越多的财富，不用为了养家糊口而整日被困于体力劳作，因此英国国内的文化和科学研究日益繁荣，还发生了宗教改革，政府也更加强调用公正的法律而不是个人的权力治理国家，这些变化带来的结果是一个新的阶级——资产阶级的诞生和王室权力的进一步削弱。18 世纪 60 年代，英国迎来了第一次工业革命。

在工业革命的推动下，西方各国的财富和科技力量快速增长，各种新技术、新发明层出不穷。其中，大型远洋轮船、飞机等交通工具的迅速发展及电话的发明使人与人之间的交流更加便捷，再次促进了人类文明的进步，这种进步主要体现于全球人口的增长。在大航海初期，全球人口大概是 4—6 亿，1804 年达到 10 亿，1927 年再次翻番，达到 20 亿。第二次世界大战结束后，全球人口迅猛增长，1960 年达到 30 亿；1999 年 10 月 12 日，全球人口达到 60 亿；2020 年年初，全球人口已超过 77.8 亿。

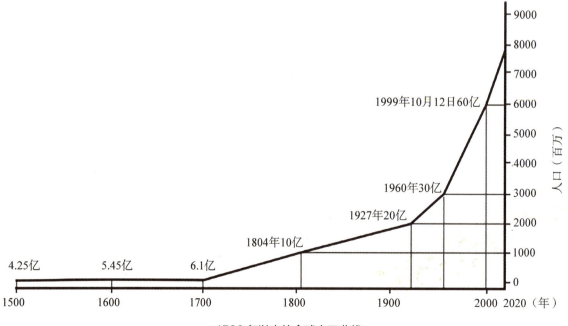

1500 年以来的全球人口曲线

达尔文也是航海家

19世纪，英国凭借其强大的海军实力，在世界各地进行海洋和海岸测绘。查尔斯·罗伯特·达尔文便是在1831年12月27日至1836年10月2日搭乘一条承担测绘任务的海军军舰进行了环球考察，并形成了进化论思想。这条海军军舰叫贝格尔号，主要有两项任务：（1）详细测量南美洲东西海岸（从南纬10°到合恩角）和它们附近的岛屿，并编制详细的海洋地图——军舰返回英国后，舰长费茨罗伊向海军提交了南美洲各种沿海和岛屿地图80幅，注明所有停泊处的海湾和港口平面图80幅，以及居民地点风景图40幅；（2）环绕整个地球进行一连串的计时器测量工作，以精密测定这些地点的经度。

达尔文青年时期参加了英国军舰历时近五年的环球航行，他将这次旅行写成《小猎犬号航海记》，并称这是他的"第一个学术孩子"。

这次旅行孕育了"进化论"

达尔文的这次环球考察，无论是对他个人还是对整个人类的科学发展，都意义非凡。当时，欧洲人普遍接受基督教的世界观，他们相信神创论，即世界万物都是上帝创造的，世界由上帝制定的法则所主宰，上帝的安排合理、美妙且永恒不变。根据神创论，地球上所有的生物在被上帝创造之后永远不会发生变化。后来，随着煤炭等矿产的开采，古老的岩石地层里不断有古生物化石被发现，由于圣经无法解释这些古生物灭绝的现象，因此信仰上帝的人们又发展出灾变论，推测地球上发生过四次大灾变，最近一次是大约5000年前的大洪水事件。达尔文在环球考察之前，对圣经里的内容并无丝毫怀疑，但环球航行中的许多发现，尤其是科隆群岛（即加拉帕戈斯群岛）生物的独特性，让达尔文的思想逐渐发生了变化，最终促使他写出《物种起源》这部巨作。

达尔文出生在一个医生家庭，祖父和父亲都是医生，父亲相当有声望，收入也很丰厚，母亲在他八岁那年就去世了。达尔文从小受哥哥的影响，非常热爱阅读。他还十分喜爱观察自然，收集各种标本。在回忆录中，他称自己小时候"想要成为一个研究分类的自然科学家、古玩收藏家或者守财奴，这种欲望已经十分强烈，而且确实是天生的"。读中学时，达尔文爱上了打猎，但是因为学习成绩不佳，中学没有读完，父亲就让他退学了。父亲抱怨他："你只知去射鸟、养狗和捕鼠，其余什么都不管，将来你会自取其辱的，也会连累我们全家的！"

我要去航海

父亲起初希望他继承家业，做一名医生，因为他观察到达尔文很擅长护理病人，便送达尔文去爱丁堡大学学医。但是，爱丁堡大学的授课方式以及在手术室实习的经历，让达尔文难以接受，加上他那时候听闻父亲会给他留一笔遗产，"足够维持我日后一种无忧无虑的生活……因此也就不想再去勤奋学医了"。在爱丁堡大学读了两年后，父亲觉察到达尔文完全没有想当医生的愿望，于是提出让他去当牧师。达尔文思考了之后，觉得自己乐意去当乡村牧师，因此父亲送他去了剑桥大学神学院。

不过，无论是在爱丁堡大学还是在剑桥大学，达尔文并没有荒废光阴。据爱丁堡当地的报纸报道，达尔文兄弟——他哥哥也曾在爱丁堡大学就读——经常去大学图书馆借书，比当时其他学生借阅的次数多得多。达尔文还结交了不少科学家，有地质学家、动物学家。他经常与那些科学家一起到爱丁堡附近的海滨考察旅行，并在大学生学术组织——普林尼学会的定期学术活动上宣读了两篇论文，那时他才 17 岁。

在剑桥大学，除了完成神学院的必修课程之外，达尔文仍然保持着热爱阅读的习惯。他后来在回忆录中说，就读于剑桥大学期间，有两本书曾经对他产生了深刻的影响，一本是天文学家约翰·赫歇尔所著的《自然哲学研究入门》，另一本是亚历山大·洪保德（现在普遍翻译为洪堡）所著的《南美洲旅行记》。达尔文称，因为读了这些书，他的内心激起了"一种热烈的渴望，要去对于建筑高贵的自然科学之宫方面，尽力提出自己的一份最微薄的贡献来"。同时，他在剑桥大学结交了更多的自然科学家，其中一位叫亨斯罗的教授对达尔文的人生产生了重大影响。达尔文在晚年的回忆录里这样写道：

直到现在，我还没有提到一件事：它无可比拟地对我一生事业起了极其重大的影响。这就是我同亨斯罗教授的友谊关系。早在我进剑桥大学以前，我的哥哥已经向我讲到了他，认为他对各门学科无所不知，因此我准备要向他表示敬意。每星期，他在自己家中举行一次公开的招待会，所有爱好自然科学的大学生和几位年纪较大的教职员时常来参加这个晚会。不久，我通过福克斯的介绍，被邀请到亨斯罗家中，后来就按期参加晚会。不久以后，我同亨斯罗就结成深交；在我的剑桥大学时代后半期，有很多天，我们两人时常在一起，作长距离的散步；因此，校中有几位老师，就把我称作"那个伴随亨斯罗散步的人"；晚上，他时常邀请我到他家中同桌共餐。他学识广博，对植物学、昆虫学、化学、矿物学和地质学都有深切的研究。他最浓厚的研究兴趣，就是根据长期积累的许多细微观察资料来作出结论。

亨斯罗教授还介绍达尔文结识了地质学教授塞治威克，并要求塞治威克带达尔文一起去北威尔士进行地质考察工作，因为亨斯罗认为必须用野外的地质考察工作来加深对达尔文的地质学教育。北威尔士的这次地质考察工作就发生在达尔文的环球航行之前不久。

感兴趣的同学可阅读《达尔文回忆录》。

 想一想

为什么会有那么多比达尔文年长且学识高得多的人愿意和他结交？教授们为什么愿意为他提供机会？

达尔文为什么能写出《物种起源》

实际上，同船进行环球考察的还有很多其他海军军官，与达尔文看到同样现象的舰长费茨罗伊甚至得出了与达尔文完全相反的观点，认为这些现象正好说明了造物主是多么完美。为什么一个学医学和神学的大学生，没有接受过系统的自然科学培训，却在参加环球考察之后产生了进化论如此伟大的思想？达尔文一定具有一些非凡的品质，比如热爱阅读，擅长思考，对探索自然科学有巨大的热情和强烈的好奇心。另外，他在爱丁堡大学、剑桥大学就读期间，曾和自然科学家们进行了多次野外考察工作，所以在环球航行前他可能已经形成了一些特别重要和优秀的习惯。

首先是他严整有序的工作方法，包括在现场的正确记录，就地对考察和收集的材料进行初步处理，以及野外工作结束后及时把各种不同的、零碎的材料整理成为体系。正是因为环球考察期间这些非常及时的工作，他才能在旅行结束后对五年中收集的大量标本（很多是在考察期间分批寄送回英国的）和资料进行有序

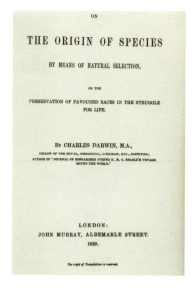

《物种起源》全名《论依据自然选择即在生存斗争中保存优良族的物种起源》

整理和深入分析。试想一下，如果没有这些现场记录和整理，历时五年的旅行结束后，他怎么能够记住当初考察期间所观察到的各种现象或过程中众多详细的情节，恐怕大多会变得印象模糊吧？

他的第二个优秀的习惯，是勤奋和专注。在环球考察之前，达尔文为自己制订的计划是：首先要去采集标本，观察它们，并且阅读所能掌握的一切有关自然史的各方面的知识；其次是气象观察，以及研读法文与西班牙文、数学和少量经典著作；最后是在星期日研读希腊圣经。兴趣引发好奇，好奇引导探索。环球航行期间，除了采集标本，达尔文始终保持着阅读和思考的习惯，莱伊尔的《地质学原理》可能是他反复阅读的材料，因为该著作的内容和他的考察紧密相关。正如他晚年在回忆录中所说："我所想的和所读的一切东西，总是直接有关于我所见到的或者可能见到的东西。"可见他非常善于把观察到的现象和所阅读的内容建立联系并加以思考。随着他的分析推理能力越来越强，他越来越能够形成自己的观点，并且在这个过程中感受到无穷的乐趣：

在环球旅行的最初两年内，我仍旧保持着原来的打猎嗜好，几乎是竭尽全力地去干着；为了要采集标本，我亲自去猎取一切鸟兽；但是此后，我就越来越经常地把猎枪交给自己的仆人，最后终于完全由他一人去猎取鸟兽了，因为狩猎工作会打扰我的研究工作，尤其是妨碍了我对某一地区的地质构造的勘察研究。我曾经发现，不过是无意识的、不知不觉的发现：观察和推断工作的乐趣，确实是远胜于任何的手艺和打猎工作的乐趣。在我身上，野蛮人的原始的本能，逐渐给文明人的后天习得的爱好所替代了。在这次环球旅行期内，我的思想，由于受到自己这些工作的影响而发展起来了。

虽然在大学毕业，甚至环球考察初期，达尔文既没有感觉到也没有观察出科学和宗教之间有丝毫的矛盾存在，还想着考察结束后去做一个"受人尊敬的乡村牧师"，但随着考察途中观察到越来越多的现象，他对圣经中的内容产生了怀疑。其中有两个最重要的发现，动摇了他对神创论中"物种被造物主创造后就保持不变"的信念：

达尔文把航行过程中所见的自然景物、风土人情、奇珍异兽等都画了下来

（1）在巴姆巴斯草原的第四纪地层里发现了已经灭绝的巨型贫齿目动物骨骼，而这些动物和现代居住在同一地点的小型贫齿目动物非常相似。对于这些既相似又有明显差别的贫齿目动物，达尔文开玩笑说："可能是被两个不同的创世主所创造出来的，或者是被一个创世主所创造出来，但是他在工作的时候曾经休息过，因此就在不同的地质时期里面创造出了一些彼此相似而又有差异的变型来了。"

（2）1835年，贝格尔舰到达科隆（加拉帕戈斯）群岛后，达尔文在那里发现了很多特别的生物。那里的生物和南美洲大陆上的生物既相似又不同。更令人惊奇的是，尽管科隆群岛那些小岛之间距离很近，环境也很相似，但同一个属的生物，无论是鸟雀、植物还是昆虫，在每个岛上都有一个特定的种，不同的种绝对不出现在同一个小岛上。他还在科隆群岛观察到生物对环境的适应性。虽然科隆群岛位于赤道附近，但是因为气候干旱，所以岛上的生物都缺乏在其他赤道地区所观察到的色彩艳丽的现象。科隆群岛上的生物大多呈现出比较灰暗的颜色和比较小的个体，具有一种在荒漠生长的生物的特征，他认为这种现象应该是和生存环境有关。所以他推测，科隆群岛上的生物来自南美洲，但为了适应群岛的环境条件，演变成了特定的种。也就是说，物种并不是被创造后就永远不变的，地理分布与物种演变有着密切的关系。

达尔文还观察到，科隆群岛上的动物不怕人类，他推测是因为这些动物过去没有见过人类，不懂得人类的危险。他在日记里记录有一次自己长时间观察在掘洞的蜥蜴后，"我就走过去，抓住它的尾巴拖拉它，它感到我这种行动非常奇怪，立刻爬出来瞧究竟是什么情况，于是凝视着我的面孔，好像是在说道：'你为什么要拖拉我的尾巴？'"。他观察到虽然这些蜥蜴会因为争夺食物而相互撕咬，但即使他拖拉它的尾巴，它也没有想到去咬他。他又记录道：有一天，当我手里握着一只龟甲做的容器躺在地面上的时候，有一只反舌鸟就停歇到这个容器的边缘上，镇静地饮起水来，它听凭我把它连同容器一起从地上举起来。可见野生动物对人类的警觉也是和人类相处后长期演变的结果。

需要补充说明的是，以上第二条里的想法，并不是达尔文在考

第四纪，是一个地质年代，指距今大约260万年以来。人类的出现和南、北两极周期性出现冰盖是第四纪的两个重要特征。

达尔文发现加拉帕戈斯群岛上的这些地雀均由同一种鸟发展而来。这幅由他亲笔绘制的"达尔文雀"素描图后来成了进化论中最著名的例证之一。

我要去航海

察期间就形成的，而是在考察结束后长达三年（1836—1839年）的时间里，通过整理这些考察材料才渐渐清晰起来的。事实上，因为达尔文并不是鸟类学专家，所以直到请专家鉴定标本时他才发现，当初"把两个岛上所采集到的标本有一部分混合在一起了"，因为他"从来没有想到，这两个岛相距只有50—60英里，在彼此相望的时候可以看见对方的大部分地面，它们完全用同样的岩石构成，并且上升到差不多相同的高度——竟会有彼此不同的居住者们"。难怪达尔文发出感慨：大多数旅行家的命运，就是在任何一处地方还来不及发现什么是最有趣味的事物时，就已经要急匆匆地离开这个地方了。

多亏了舅舅

达尔文剑桥大学毕业之后，听从亨斯罗教授的建议，跟随塞治威克教授去北威尔士进行地质学考察。1831年8月29日，当他结束北威尔士的考察返回家中时，他的姊妹们告诉他，亨斯罗教授和皮柯克先生有信寄给他（皮柯克先生替贝格尔号舰长费茨罗伊物色上船人选），建议他接受贝格尔舰上的工作。亨斯罗教授认为达尔文完全能够胜任这份工作，不过环球考察期间的费用得由达尔文自己承担。达尔文当时立刻就说他要去。但是第二天早晨，他的父亲反对这个计划，达尔文就只好写信给皮柯克先生，回绝了这个建议。

8月31日，意气消沉的达尔文去了舅舅家，舅舅约西·魏之武（Jos Wedgewood）是当地著名的搪瓷厂厂主。他没有想到，环球考察计划在舅舅家得到了坚强的支持，于是他决定再做一番努力说服父亲。因此当天晚上，他列出了一张父亲的反对意见表，舅舅针对这张表上的各点意见写了他的意见和回答。第二天早晨，他们派人把意见信送给达尔文的父亲，然后达尔文就打猎去了。大约上午10点，舅舅就托人带信给达尔文，说他要去见达尔文的父亲，并且建议达尔文一起去。当他们回到达尔文的家见到父亲的时候，发现"全部事情都已经得到了解决，我的父亲非常亲切地允准了这件事情"。舅舅的意见中，达尔文觉得最重要的可能是"如果把他看作是一个具有广大的好奇心的人，那么这次航行就将提供给他一个难得的机会去观察人们和事物了"，以及"在参加这次考察工作的时候，会把他现在所走的那条科学研究路线继续发展下去"。

了解了达尔文这些经历，我们会忍不住感叹：多亏了舅舅啊！不过，达尔文的父亲也并不固执，在听取舅舅的意见之后，就立刻同意了达尔文的计划，可见他起初反对也是为达尔文的人生规划着想。在环球考察期间，达尔文常常写信回家，想必他的父亲一定是从书信中感受到了达尔文的变化，因此当他环球考察结束后回到家，父亲一见到他，就转头对他的姊妹们大声说："啊，原来他的头型完全变了！"

3

现代航海与人类环境

新的海洋观测和预报技术

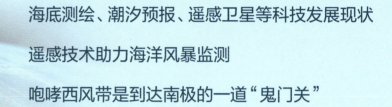

你将了解：

海底测绘、潮汐预报、遥感卫星等科技发展现状

遥感技术助力海洋风暴监测

咆哮西风带是到达南极的一道"鬼门关"

进入 20 世纪后，各种电学、声学、光学技术及电子计算机和航空航天技术纷纷高速发展，进一步提高了人类的航海能力，人类甚至频繁地航行于南、北两极。下面我们一起来认识一下 20 世纪几种与航海密切相关的新技术。

用声波绘制海底地图

掌握海底地貌即水下地形，是船舶安全航行的重要保障，这也是航海者必须携带海图的一个重要原因。那么，怎么获得水下地形呢？陆地上，人们可以利用测量海拔高度的仪器，通过激光、雷达、卫星等高科技手段进行大范围的地形测量。但海底地形被海水覆盖，尤其是河口、近岸地区的水体往往比较浑浊，激光、雷达等手段难以应用，测量难度较大，所以目前一般使用安装在船上的回声测深仪进行测量。

回声测深仪利用的是声呐技术，即超声波在水中传播和反射的原理。简单地说，就是有一台声波发射机向水下发射声波，声波传播到海底时会反射回来，被船上的一台声波接收机所接收。发射出去的声波速度可由发射机控制，发射机发射的声波和接收机接收的反射回的声波两者之间的时间差，乘以声波速度，就是声波经过的距离。

最初的测深仪由声波发射机向海底垂直发射声波,声波经过的距离的二分之一就是测量点的水深。但是,这种单波束测深仪获得的水深,只是沿着测量船的航行路线,由一个个测量点形成的一条线上的数据,要想测量一个海域的水下地形,成本非常高。因此人们改进了测量仪器,目前广泛使用的有多波束测深仪。多波束测深仪,顾名思义,有多个声波发射机和接收机,一次可获得与航线垂直平面内几十个甚至上百个水深数据,从而实现了以"扫描"的方式测量海底地形,不仅大大节约了测量成本,还提高了海底地形的测量精度。

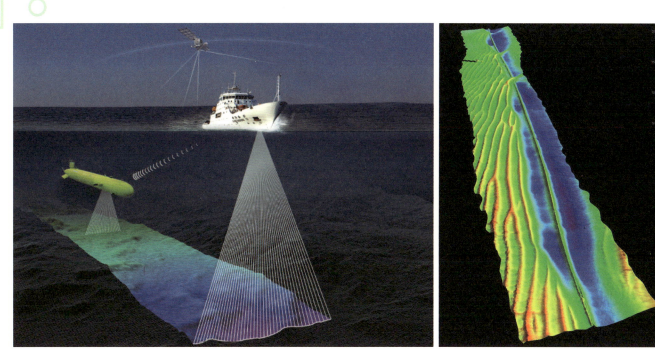

多波束工作原理及其获得的水下地形图像(由自然资源部第二海洋研究所吴自银提供)

除了单波束测深仪和多波束测深仪,旁侧声呐也是水下地形测量的重要设备。不过,旁侧声呐的接收机是按照接收到的回声信号生成二维图像,相当于给海底拍照片,拍出来的照片在距离测量船较远处可能有较大变形。

 **想一想**

在回声测深仪发明之前,人们怎样测量海底的深度?

潮汐：海洋的脉搏

上海吴淞口国际邮轮港的潮水位对比，左图拍摄于 2021 年 6 月 29 日 15：30，
右图拍摄于 2021 年 6 月 30 日 12：00（由易瑀之提供）

从桥墩和拴铁链的隔离墩（用于阻止航船通行）被淹没的情况可以看出，水面的高度随时间发生显著变化，这和潮汐的涨落有关。在世界各地，海面大多会周期性地上升和下降。海面上升到最高的时候，称为高潮，随后海面逐渐下降，降到某个低点，即低潮后，重新上升，如此周而复始。海面上升的过程称为涨潮，下降的过程称为落潮。有的地方一天 24 小时有两次涨潮和落潮，称为半日潮；有的地方一天只有一次涨潮和落潮，称为全日潮。汉语里的"潮汐"两个字都指高潮，"潮"是发生在早晨的高潮，"汐"是发生在晚上的高潮。

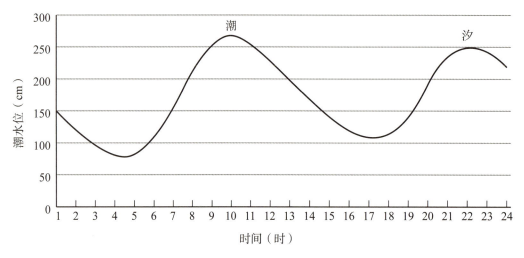

上海市黄浦江吴淞水文站 2019 年 1 月 1 日 24 小时的潮水位变化过程

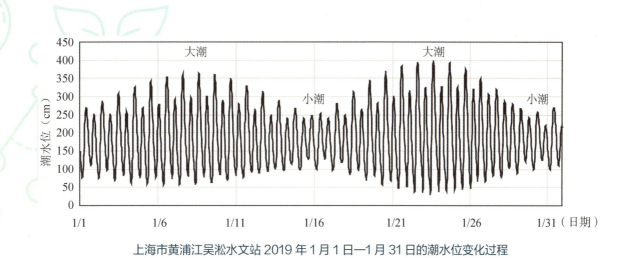

上海市黄浦江吴淞水文站 2019 年 1 月 1 日—1 月 31 日的潮水位变化过程

从吴淞水文站 2019 年 1 月 1 日一整天和 2019 年 1 月一整个月的潮水位变化过程可以看到，这个地方每天发生两次高潮和两次低潮，每次高潮和低潮的水位高度都不一样。人们把一个变化周期里高潮水位达到最高的叫大潮，高潮水位达到最低的叫小潮。一个月一般有两次大潮、两次小潮。两次大潮一般发生于新月（朔）和满月（望）之后一两天，所以也叫"朔望潮"。

随着潮水位的升降，海水也在发生运动，分为涨潮流和落潮流，涨潮流自海向陆运动，落潮流自陆向海运动。因此，对出海的船舶，尤其是小型渔船来说，利用涨落潮的自然规律选择出海和进港时间，可以减少能源消耗。

因为潮汐的涨落，海岸上有一个地带会间歇性地被海水淹没，这个地带处于高潮位和低潮位之间，人们称之为潮间带。当落潮达到最低水位时，海水全部退出潮间带；当涨潮达到最高水位时，潮间带全部被海水淹没。前文提到的海图里的水深，都是从理论最低低潮面以下算起，原因就在于这个面以上的水体深度一直随着涨落潮变化，是不确定的，所以航海者必须同时使用潮汐表和海图来估计河口近岸地区某个时刻的水深，避免船只搁浅。

如今，人们已经很好地掌握了月球、地球和太阳的运动规律，再加上计算机高速的运算能力，所以可以非常准确地计算出地球上任意一点、任意时刻正常天气下的潮水位。除了各地的海事服务单位会提前出版当地主要港口第二年的潮汐表之外，我们也可以在海事服务网上查询世界各地主要港口当月每日的潮汐表。

 想一想

宋代词人潘阆（làng）《酒泉子·长忆观潮》中这样写道："长忆观潮，满郭人争江上望。来疑沧海尽成空，万面鼓声中。弄潮儿向涛头立，手把红旗旗不湿。别来几向梦中看，梦觉尚心寒。"作者为什么说"来疑沧海尽成空"？

北斗卫星导航系统"闪耀"2020年中国国际服务贸易交易会

"3S"技术让航船不再迷途

全球定位系统（Global Positioning Systems，GPS）、遥感（Remote Sensing，RS）和地理信息系统（Geography Information Systems，GIS）被称为3S技术，自20世纪60年代以来快速发展，在远洋航海中发挥着重要作用，能够为航船的定位、测速，以及天气和海况预报等多方面提供保障。

全球定位系统

在大约20年前，我们如果想自驾去一个陌生的地方，必须事先准备好纸质地图，查好路线，一路上还要不断地把沿途所经过的地点与地图进行对比，以免走错路线。而今天，不仅大多数人的智能手机上都配备了导航软件，所有的航船上也配备了全球定位系统，与利用牵星术确定纬度、依靠时差计算经度的时代相比，如今的航海者们可以十分便捷地获取自己在海上的准确位置。

全球定位系统利用导航卫星测量时间和距离，具有海、陆、空三维导航和定位的能力。当前世界上有四大卫星导航系统，分别是美国的全球定位系统、俄罗斯的全球导航卫星系统、欧洲航天局的伽利略卫星定位系统和中国的北斗卫星导航系统（BeiDou Navigation Satellite System，简称 BDS）。作为我国自主建设、独立运行，与世界其他卫星导航系统兼容共用的全球卫星导航系统，北斗系统可在全球范围，全天候、全天时，为各类用户提供高精度、高可靠的定位、导航、授时服务。为了建设北斗系统，我国自 2000 年以来已发射了 4 颗北斗导航试验卫星和 53 颗北斗导航卫星。目前我国的海、陆、空交通运输都已使用这个系统。

全球定位系统的原理是：导航卫星连续发射无线电信号，地面上的接收器收到无线电信号后，计算相对于卫星的距离和距离的变化速率，并根据卫星发送的时间、卫星的轨道信息，计算出信号接收者在定位瞬间的实时位置和速度。

遥感与地理信息系统

遥感和地理信息系统这两种技术总是密不可分。遥感是指运用传感器探测远距离物体辐射、反射或散射的电磁波信息，并进行提取、判定、加工处理与应用。地理信息系统是在计算机硬件和软件的支持下，对与地理位置有关的数据进行采集、存储、分析和显示。

辐射指物体发射电磁波，一切有温度的物体都会产生辐射。散射指电磁波信号遇到微粒后，其传播路径向多个方向改变。

目前，大部分的遥感技术依赖于卫星，与航海密切相关的主要有气象卫星和海洋卫星。我国迄今为止已经发射了 4 颗风云系列气象卫星，具备可见光、红外线和微波辐射多种传感器。2002 年 5 月 15 日，我国第一颗海洋卫星——"海洋一号 A"成功发射，此后又发射了用于监测和调查海洋环境的多颗人造卫星。通过这些海洋卫星，我们可以获得全球绝大部分海域的波浪、风、海面高度、海面温度、洋流、海冰等多种海洋环境信息。

热带气旋是航船最需要避离的自然灾害之一。以西北太平洋为例，每年夏秋季节都会发生数十次热带气旋（也叫台风），航海者如果不能提前掌握台风信息，极有可能发生海难事故。本书第一部分提到的东晋和尚法显就是在搭乘商船归国途中遭遇"黑风暴雨"，原计划约 50 天可到广州，结果 80 多天后才在青岛崂山登陆，登陆前船上的粮食也早已吃光。今天，我们在卫星遥感的监测下，不仅对台风的强度、实时位置和移动路径了如指掌，还可以利用海洋卫星提供的大范围数据进行计算机数值模拟，实现高精度的台风预报，所以航船提前几天就能获知台风信息，及时躲避。

台风和飓风都是热带气旋。

气象卫星遥感影像：加勒比海和大西洋的三个飓风

台风也有三六九等

台风的等级是根据台风中心附近的底层风速来划分的，从弱到强依次有六个：

热带低压——最大平均风速 10.8—17.1 米 / 秒，相当于风力 6—7 级；

热带风暴——最大平均风速 17.2—24.4 米 / 秒，相当于风力 8—9 级；

强热带风暴——最大平均风速 24.5—32.6 米 / 秒，相当于风力 10—11 级；

台风——最大平均风速 32.7—41.4 米 / 秒，相当于风力 12—13 级；

强台风——最大平均风速 41.5—50.9 米 / 秒，相当于风力 14—15 级；

超强台风——最大平均风速 ≥51.0 米 / 秒，相当于风力 16 级及以上。

今天，每一个台风都有名字。1997 年，在香港举行的世界气象组织台风委员会第 30 次会议决定，世界气象组织所属的亚太地区的柬埔寨、中国、朝鲜、中国香港、日本、老挝、中国澳门、马来西亚、密克罗尼西亚、菲律宾、韩国、泰国、美国以及越南 14 个成员国（地区）各提供 10 个名字，组成有 140 个名字的台风命名表，按顺序循环使用。但如果某个台风造成了特别大的灾害或人员伤亡，这个名字就会被"开除"，需要补充一个新名字加入命名表。

航海者的噩梦：咆哮西风带

　　20 世纪，随着航海技术的发展，各国纷纷开辟了前往南极洲的航线。本书开头说过，南极洲被南大洋包围，而南大洋正好是西风带和西风漂流所在的区域。南半球的西风带风力强劲，绰号"咆哮西风带"。西风带冷暖空气交汇，发生强烈的相互作用，非常容易形成温带气旋，带来狂风、暴雨和巨浪，所以又被称为暴风圈。北半球的陆地面积较大，西风受到阻碍，风速大减，所以没有这个暴风圈。

要航海去南极，必须穿过西风带这道"鬼门关"。航海者们对"咆哮西风带"进行了区分。他们将南纬40°—50°的区域称作"咆哮四十度"，因为这里几乎每天都是狂风怒号；将南纬50°—60°的区域称作"狂暴五十度"，因为这部分海域常有比"咆哮四十度"更强烈的风暴与大浪。

南极纪行：穿越"咆哮西风带"

11月20日，"雪龙"船气象室内，一场气象会商会议正在进行。所有人的目光紧紧盯着电视屏幕上的气象云图，几乎连成一串的巨大气旋阻挡了"雪龙"船前进的方向，重新拟定航行线路迫在眉睫。经过反复推演和商讨，考察队确定了一条最优航行路线：由向南航行改为向西南方向行驶，然后择机在第4个气旋来临前再次向南行驶穿越西风带，最终抵达南极中山站。

……

11月23日，西风带的天气阴晴不定，变化莫测。上午，铅灰色的云层压得很低，仿佛就在头顶上。中午天空渐渐放晴，但海况依然没有转好的迹象。海浪呼啸着，一次次扑向船舷，发出轰轰隆隆的巨大响声，钢铁巨轮在茫茫大海中显得如此渺小。这些天，"雪龙"船一直在气旋边缘缓速行驶，等待向南穿越的最佳时机。听预报员说，24日航行海域将出现近5米的涌浪。这也是"雪龙"船进入西风带以来遭遇的最大涌浪。

11月24日，为了赶在第4个气旋到来前穿越西风带，"雪龙"船果断改变西南航向，向南直插。天气预报显示，受西风带气旋影响，风力增大至7—8级，涌浪达5米。"雪龙"船在奔涌的浪涛中左右摇摆，倾斜角度达到20度，险象环生。许多考察队员重新陷入晕船状态，素来热闹的餐厅也冷清了不少。夜晚，"雪龙"船在巨浪中艰难前行。

11月25日，虽然"雪龙"船还未驶出西风带，但随着纬度越来越高，气温也越来越低，船舱外的温度已降至0℃左右，走出舱门需要换上厚厚的冬衣……气象预报带来一个好消息，航行区域风力将由7—8级减小到6—7级，涌浪由4—4.5米减小到3—4米。听一些老队员说，很快就能看到冰山了，等到浮冰区涌浪会越来越小，那将会是另外一番景象。

11月26日，傍晚时分，一座狭长的巨型冰山果然在"雪龙"船左舷不远处出现，显示为南纬59°29′30″。这意味着"雪龙"船已经到达西风带南部边缘海域，成功在第3个和第4个气旋之间完成穿越。

（《中国海洋报》，兰圣伟）

全球变暖和物种大灭绝

你将了解：

人为排放温室气体导致全球气候变暖

第六次物种大灭绝的警钟已经敲响

压舱水是物种入侵和疾病传播的重要原因

地球"发烧"日益严重

    大航海为现代科学的发展打下了很好的基础，从而引发了工业技术的革命和创新。一方面这促使人类社会的经济和人口快速增长，另一方面也对地球环境带来了巨大的压力。比如，煤炭的燃烧及石油化工产业所产生的大量废弃物，污染了人类呼吸的空气、饮用的水以及种植粮食的土壤。同时，原本被埋在地下的储存在煤炭、石油和天然气中的碳，经燃烧后转变成二氧化碳排放

全球人类活动排放的二氧化碳（CO_2）变化曲线

从 1850 年以来人类活动产生的二氧化碳排放量可以看到，燃烧化石燃料（煤炭、石油和天然气）产生的二氧化碳自 1950 年以来高速增长（IPCC 第五次报告，2014 年）

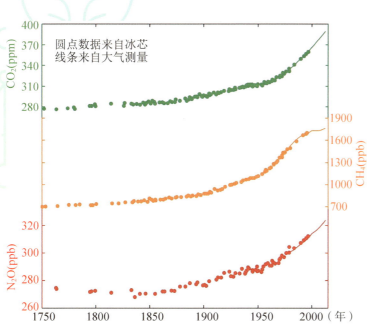

甲烷也叫沼气,常产生于缺氧环境(比如沼泽)中有机物的分解。此外,石油开采,以及牧场的牛、羊消化草料后也会排放较多甲烷。一氧化二氮最主要的来源是农田使用的氮肥。左图显示,甲烷和一氧化二氮在大气中的含量变化与二氧化碳基本同步,自1950年代以来明显上升。

IPCC,指联合国政府间气候变化专门委员会,是Intergovernmental Panel on Climate Change 的缩写。

1750 年以来全球平均温室气体浓度(IPCC 第五次报告,2014 年)

到大气,使大气中的二氧化碳含量大幅增加。除了二氧化碳(CO_2)以外,甲烷(CH_4)和一氧化二氮(N_2O,也叫氧化亚氮)也是重要的温室气体,它们在大气中的含量虽然比二氧化碳低很多,但温室效应分别是二氧化碳的约 25 倍和 300 倍。

下图的曲线显示,自 20 世纪以来,地球表面温度持续高于 1850—1900 年的平均温度,尤其自 1980 年以来,两条曲线均明显抬头向上,可见升温的速度显著加快,每十年的升温幅度越来越大,到 2018 年,陆地表面平均气温升高幅度已经超过 1.5℃,陆地—海洋表面平均温度上升超过 1℃(因为海洋升温比陆地要慢),也就是说,与一个世纪前相比,地球表面的平均温度已经

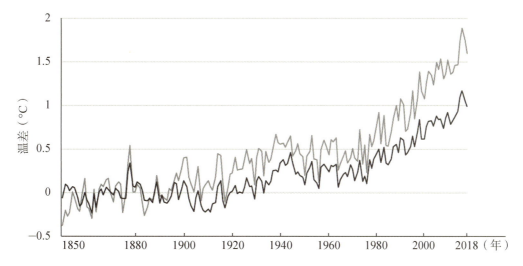

历年全球陆地表面平均气温(灰色)和陆地—海洋表面平均温度(黑色)相对于 1850—1900 年平均值的差值变化曲线(IPCC 气候变化和土地特别报告,2019 年)

上升了大约 1℃。

　　全球变暖造成的负面影响中，一个最显著的现象是世界各地夏天的高温天气事件频繁发生，新闻里关于高温的报道屡见不鲜，极端的例子有印度，最高气温竟然超过 50℃。再如英国这种温带海洋性气候国家，过去夏天的最高温度一般不超过 25℃，所以人们夏天不使用空调，众多公共交通工具也不安装空调。但是自 2006 年以来，英国连年遭受夏天热浪的袭击，而且高温天的温度逐年上升——2019 年 7 月 25 日，伦敦最高气温竟然达到 37.7℃。在高温天气的刺激下，各地对空调的需求量暴增，由此导致更多的能源消耗。很多地方仍然依靠火力，即燃烧煤炭发电，从而排放出更多的二氧化碳和其他污染物，而二氧化碳的过量排放又造成高温天气增多，如此形成一个恶性循环。

印度遭受连续高温炙烤

　　入夏以来，印度大部分地区连续遭遇极端高温天气，个别地方最高气温甚至超过 50 摄氏度。据印度媒体报道，截至目前，印度 6 月以来的高温已致超过 100 人死亡，可能造成人道主义危机。

　　根据印度国家气象局发布的最新数据，首都新德里今年 6 月的最高气温达到 48 摄氏度，这是当月气温的同期最高值。在拉贾斯坦邦楚鲁市，近一个月内的最高气温甚至超过 50 摄氏度，接近历史极值。

　　印度国家气象局将"平原地区最高温度超过 40 摄氏度，山区最高气温超过 30 摄氏度"定义为高温。当某地气温连续两天超过同期"正常"气温 4.5 摄氏度以上时，政府将发布高温预警，宣布热浪来袭。本报记者常驻印度工作，对当地这种叫作"卢"的"热浪"深有体会，当地朋友形容说，"当你把汽车停在太阳底下晒一天，启动空调时猛然吹出来的热风就很像'卢'"，当然，"卢"比热风更强劲，"卢"也是当地暑热致死的元凶。今年夏天，本报记者感受到了热浪持续的时间比往年更加漫长难熬。数据显示，今年印度许多地区的最高气温比正常水平高出 5 摄氏度以上。新德里市 7 月 1 日用电量峰值达到了创纪录的 7241 兆瓦。

　　近年来，印度频繁遭遇极端高温天气，当地居民的生产生活受到严重影响。仅 2018 年，印度各地政府就发布了 484 个高温预警，远高过 2010 年的 21 个，超过 5000 人因此死亡。印度政府应对气候变化委员会此前表示，印度是受全球变暖影响最严重的国家之一。作为《巴黎协定》签署国，印度承诺在 2030 年前实现至少 40% 电力来自非化石能源，并将其单位 GDP 碳排放量在 2005 年水平基础上减少约三分之一。

（《人民日报》，2019 年 7 月 8 日）

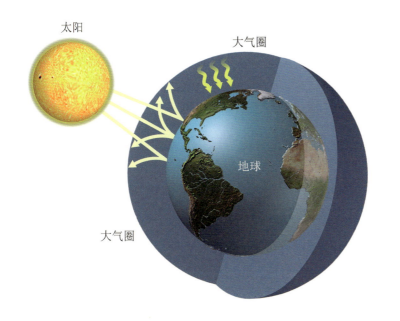

太阳

大气圈

地球

大气圈

太阳辐射（短波辐射）穿透地球大气圈，给地表加热，升温的地表产生长波辐射，被大气圈吸收，大气升温，并向地表产生逆辐射。因此，大气圈，尤其是其中的温室气体具有给地球保温的作用。

全球变暖也导致南、北两极地区频繁出现短期气温升高现象。据中国科学报报道，2020 年 2 月 9 日，南极半岛附近西摩岛的最高温度为 20.75℃。世界气象组织（WMO）称，位于南美洲海岸以南约 500 英里的南极半岛在过去 50 年里平均升温近 3℃，是地球上升温最快的地区。

物种灭绝背后的根源

在人口快速增加的同时，地球上野生物种的数量却在日益减少。在 2021 年 1 月 13 日出版的《保护科学前沿》（*Frontiers in Conservation Science*）杂志上，研究人员引用了 150 多项科学研究并得出结论称"当前人类已处于第六次物种大灭绝的道路上"。前五次发生于遥远的地质历史时期，起因是地球上自然环境的剧烈变化，比如大规模的火山喷发、小行星撞击地球等，而第六次却与人类活动密切相关。大航海时代以来，大量的脊椎动物和植物纷纷消失。以非洲的马达加斯加岛为例，自 1500 年前人类登岛后，岛上原有的 60 多种狐猴仅剩下 28 种。科学家估计，现在每天至少有 3 个物种要灭绝。20 世纪物种灭绝的速度，是人类出现前自然状态的大约 100 倍。今天，大型鸟类和很多哺乳动

物种灭绝本是一种自然过程，物种诞生、生长，种群规模日益庞大，然后走向衰落，但问题出在物种的灭绝速度上。对以前存在的种群研究发现，一个物种往往需要百万年才会灭绝，但现在只需数十年。

物都面临灭绝的威胁，体重超过 200 千克的哺乳动物尤甚，80% 已被列为濒临危险或刚刚消失。

对生态环境的破坏是造成这些野生动物加速消失的重要原因。自大航海时代以来，大量天然的、结构复杂的生态系统（如热带雨林）被改造成人工的、结构简单的生态系统（如橡胶种植园）。随着 20 世纪人口剧增，这种现象越来越严重。为了解决持续增长的粮食需求，人们不仅过度利用耕地，还开垦出更多农田。据统计，世界上 61 个热带国家中，已有 49 个国家的半壁江山失去野生环境，森林被砍伐、湿地被排干、草原被翻垦、珊瑚遭毁坏……亚洲尤为严重，中国香港 97%、孟加拉国 94%、斯里兰卡 83%、印度 80% 的野生生境已不复存在。

外来物种入侵也是破坏生态系统、造成物种灭绝的一个重要因素。外来物种往往缺少天敌，在新的环境里其数量会爆发式增长，澳大利亚的兔子就是一个典型例子。1859 年，一个农场主从

外来物种，也叫入侵物种，是指那些本来不曾自然存在，被人为引入后，发展成一定数量，以至于威胁到当地生物多样性的物种。

作为除恐龙之外最著名的已灭绝动物之一，渡渡鸟的灭绝是工业文明大规模灭绝地球物种的开始，如今，西方流传着这样一句谚语："逝者如渡渡（As dead as a dodo）。"人们用它来比喻失去的一切将不再回来。

逝者如"渡渡"

渡渡鸟，独产于印度洋毛里求斯岛，因叫声似"渡渡"而得名。这种鸟身高约一米，体重可达 46 斤，身躯臃肿，翅膀短小，不能飞翔，但是双腿粗壮，善于奔走；性格温顺而笨拙，以树木的果实为食。渡渡鸟的这种生理结构与其生存环境有关，因为毛里求斯岛上食物丰富，且没有天敌，所以它们无须飞行。

渡渡鸟在毛里求斯岛上无忧无虑地繁衍生息了 1500 年。虽然明朝的航海船队曾到过这里，但直到葡萄牙人和荷兰人从大西洋绕过好望角进入印度洋，渡渡鸟才遭到灭顶之灾。17 世纪，欧洲殖民者开始在毛里求斯岛定居。因为肉质鲜美，加上行动缓慢，渡渡鸟成为殖民者的主要食物。另外。人们带去的猫、狗、猴子等动物也打破了岛上的生态平衡，成为渡渡鸟的天敌。最终，渡渡鸟于 1681 年灭绝，距离被发现仅用了 70 年。

英国引进 24 只兔子，100 年后，澳大利亚的兔子总数超过 6 亿只。为了控制兔子对草原和农作物的破坏，澳大利亚政府甚至修建了一道 1700 公里长的篱笆，但这千辛万苦造出来的"长城"在天生喜欢打洞的兔子眼里形同虚设。

外来物种造成的危害在岛屿表现得更为明显。夏威夷岛原来有 145 种特有的鸟类，现在只剩

在澳大利亚，兔子影响了 300 多个本土物种的生存机会。

下 35 种，其中有 24 种濒临灭绝。这些鸟类的灭绝大多与外来物种入侵有关。比如非洲大头蚁入侵夏威夷后，消灭了大部分原产于夏威夷低地的昆虫，使专门吃那些昆虫的鸟类失去了食物来源。在人类到达前，夏威夷只有两种哺乳动物——灰蝙蝠和夏威夷僧海豹，但后来人类引进了 42 种哺乳动物，其中野化的家猫就是捕鸟的能手。

漂洋过海的"不速之客"

人类的航海活动往往造成外来物种入侵。除了人们主动引入的那些动物之外，航船使用的压舱水也扮演了重要角色。为了确保空载航行时保持一定的吃水深度，航船出港前都要汲取大量海水作为压舱水（我国古代海上丝绸之路上的那些船舶往往使用瓷器作为压舱物）。而当航船进入某个港口前，则要通过排水孔先排掉压舱水，这是为什么呢？一方面，很多港口的水深较浅，船舶如果不排掉压舱水，吃水太深，会有搁浅的危险；另一方面，船舶进入港口大多是为了装货，为了尽可能多地装货，船舶就必须排掉压舱水，使装货量得到充分利用。就这样，随着压舱水的排放，一个地方的海水被轻易地转运到了另一个地方。今天，国际航海货运空前发达，每天都有无数货轮从一个港口出发，驶向另一个港口。据国际海事组织（IMO）估计，每年在全球各地转运的压舱水高达 100 亿吨。

这些从船底排放的压舱水，肉眼看似乎什么也没有，其实潜藏着巨大的危机。人们已在压舱水里发现了多种会引发传染病的细菌和病毒，比如霍乱菌，它以休眠状态潜伏在某些海洋藻类里，一旦环境条件适合，就会苏醒并传播霍乱。压舱水里还有大量微小的浮游藻类和浮游动物。它们适应能力强，有些藻类甚至可形成休眠孢囊，在黑暗、缺氧、缺营养盐的压舱水里长期生存，一旦被排放回海洋，就会大量繁殖，从而引起赤潮灾害，导致大量鱼类死亡。这些藻类产生的毒素还

压舱水携带"不速之客"

赤潮，发生时常在海洋上形成一大片红色景象，被称为"红色幽灵"。其实是海水中某些浮游植物、原生生物、细菌暴发性繁殖或高度聚集，导致水体变色的一种有害生态现象。赤潮不一定是红色的，其颜色和暴发的藻类品种有关，但统一被称为赤潮。

会进入人工养殖的贝类，导致食用贝类的人中毒甚至死亡。

目前，有害的水生生物和病原体通过船舶压舱水进入新环境已被列为全球海洋面临的四大威胁之一，另外三大威胁分别是陆地向海洋排放污染物、对现有海洋资源的过度利用、沿海和海洋栖息地的自然变更与破坏。

看货轮的不同视角

我们的选择决定我们的未来

1840 年代，地球人口只有 10 亿多一些。他们绝大多数以务农为生，少数人家只需要两三英亩的土地就可以生活。当时美国境内还有很辽阔的土地未开垦。美国以南的几块大陆上，那些大河流域上游、难以攀越的高山上，长满未经破坏的热带雨林，里面的生物多样性丰富至极。当时这些野生生物仿佛天上的星辰难以企及，永远存在。

如今，已有超过 60 亿人口拥塞在地球上。所有人都想尽办法提升自己的生活质量。很不幸，这些办法也包括破坏残存的自然环境。广大的热带雨林已消失了一半。世界上未开拓的地区实际上已经没有了。自从人类出现以后，植物和动物物种消失的速度增快了百倍以上，而且到了 21 世纪末，现有物种将会消失一半。

目前，有两股科技力量正在相互竞争之中，一股是摧毁生态环境的科技力量，另一股则是拯救生态环境的科技力量。我们正处在人口过多以及过度消费的瓶颈之中。如果这场竞争后者得胜，人类将会进入有史以来最佳的生存状态，而且生物多样性也大致还能保留。

我们的处境非常危急，但是还是有一些令人鼓舞的迹象存在，胜利可能终会降临。人口增长速度已经减缓，如果人口增长曲线维持不变，21 世纪末地球人口总数将介于 80 亿到 100 亿之间。专家告诉我们，这么多的人口还是可以维持相当的生活条件的，但也只是勉强及格，因为全球每人平均耕地面积与可饮用水的数量正在下降。另外也有专家告诉我们，要解决这个问题，唯有同时保护大多数脆弱的植物及动物物种。

（节选自爱德华·威尔逊《生命的未来》）

北极航道和新的环境问题

你将了解:

北极航道的极简探险历史

全球变暖使北极航道成为新的商业航线

北极航道的开发可能带来生态风险

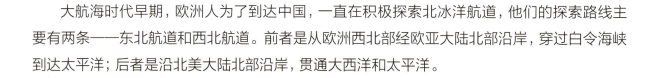

大航海时代早期，欧洲人为了到达中国，一直在积极探索北冰洋航道，他们的探索路线主要有两条——东北航道和西北航道。前者是从欧洲西北部经欧亚大陆北部沿岸，穿过白令海峡到达太平洋；后者是沿北美大陆北部沿岸，贯通大西洋和太平洋。

一路向北: 北极探险的悲壮史诗

1553 年，一支英国的探险船队在到达欧洲北部的白海后，转而进入内陆河流抵达莫斯科，与俄国建立了贸易关系，进行皮毛、鲸鱼油、海象牙等交易。此后，觉得有利可图的荷兰商人也对东北航道产生了兴趣。在商会的资助下，荷兰航海家威廉·巴伦支分别于 1594 年、1595年、1596 年三次出航探险，他率领船队进入北极圈，先后到达北纬 77° 左右的新地岛和斯匹次卑尔根（今斯瓦尔巴群岛），创造了人类历史上的北进新纪录。在第三次航行中，巴伦支和船员们因船被浮冰撞毁，不得不在北极过冬。1597 年，巴伦支在返回荷兰的途中因病去世，但他在航行中所做的记录、绘制的海图，为后来的航海探险家提供了重要依据。欧洲人由此认识到北极地区的严寒，因此还是把财力用于印度洋航线和大西洋—太平洋航线。

直到 1725—1741 年，俄罗斯考察队三次前往欧亚大陆最东端的海域，证实了美洲大陆和亚洲大陆隔海相望，不幸的是，考察队的领队——丹麦人白令和巴伦支一样倒在了探险途中。1878 年 7 月，芬兰航海家诺登舍尔德从赫尔辛基出发，于第二年夏天绕过亚洲大陆东北角进入白令海峡，终于实现了走通北极东北航道的梦想。不过这条航道因常年冰封，航行安全存在极大隐患，所以并没有立即成为船舶的商业线路。

随着核动力破冰船技术的发展，1967 年，苏联的一艘货轮首次从法国经东北航道到达日本横滨，用时 35 天。此后，这条航线又归于沉寂。直到 21 世纪，由于全球气候逐步变暖，北极冰封的时间逐年减少，东北航道才真正成为国际商业航线。2016 年，有 297 艘商船、货船航行于该航道。

对西北航道的探险也始于大航海初期，与东北航线的探险相似，西北航道的多次探索同样以失败告终，不少人在探险途中遇难。直到 1854 年，探险家才首次完成了西北航道航行。目前西北航道尚未成为国际商业航线，因为加拿大认为它属于国内航线，而美国和俄罗斯认为这是一条国际海路。

白令是一位俄罗斯海军中的丹麦探险家，白令海峡、白令海、白令岛和白令地峡，都是以他的名字命名的。

2012 年，我国科学家乘坐"雪龙"号第五次前往北极执行科学考察任务。

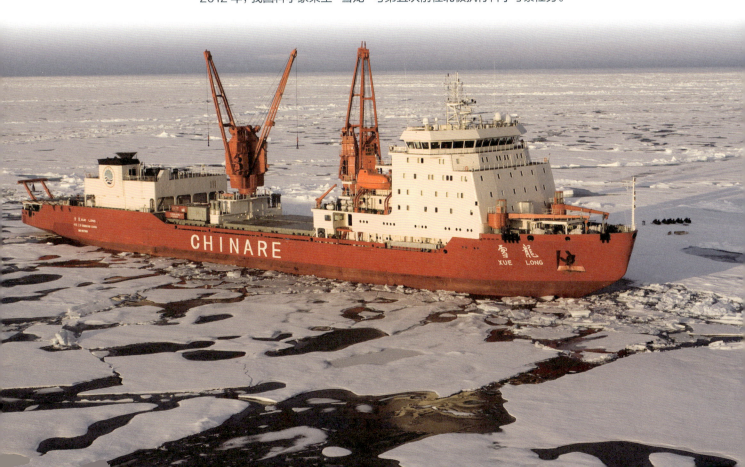

我要去航海

全球变暖解锁新航路

　　21 世纪东北航道的商业化和西北航道的所有权争端，都源于全球变暖导致的北冰洋海冰覆盖面积的减少。美国航空航天局（NASA）2019 年 9 月发布的一则视频显示，过去 35 年，北冰洋 1 月份多年冰（指存在时间超过四年的海冰）的覆盖面积减少了 95%，同时海冰的厚度也在变薄。"就在 40 年前，北冰洋上还能找到已经维持了十余年不化的冰层，而从今以后，这种情况再也不会出现了。"这意味着，也许再过几十年，北极海冰会彻底消失。由于北极资源的丰厚性和地理位置的重要性——可以缩短亚洲东部和北美洲、欧洲之间的航程，因此现在北极航道越来越被世界各国政府、商船所重视，预计未来会成为一条繁忙的海上新航路。

中国首次成功试航北极西北航道

　　"雪龙"号 9 月 7 日电（记者 郁琼源）中国第八次北极科学考察队搭乘"雪龙"号科考船 6 日成功穿越北极西北航道，为我国开辟了北美经济圈至东北亚经济圈的海上新通道。

　　北京时间 8 月 30 日 14 时 10 分，"雪龙"号进入戴维斯海峡，途经巴芬湾、兰开斯特海峡、皮尔海峡、维多利亚海峡和阿蒙森湾，沿途克服航道曲折、浮冰密集、冰山散布、海雾频现、冰区夜航等诸多困难，历时 8 天，航行 2293 海里，于北京时间 9 月 6 日 17 时 40 分进入波弗特海，完成中国船舶首次成功试航北极西北航道，为未来中国船只穿行西北航道积累了丰富的航行经验。

　　至此，作为中国试航北极航道的开路先锋，"雪龙"号已先后完成了对三大北极航道的首次穿越，直接推动了我国船舶对北极航道的商业利用。今年我国将有 6 艘商船航行北极东北航道。

　　试航西北航道期间，考察队还实施了海底地形勘测、收集了气象和海冰相关数据、采集了生物多样性分析样品，获取了第一手的海洋环境数据资料，填补了我国在该海域的调查空白。这将推动我国对北极西北航道适航性的系统评估，服务于我国的国民经济建设。

　　西北航道具体是指北美大陆北部沿岸经加拿大北极群岛水域和美国阿拉斯加北部水域、连接北太平洋和北大西洋的海上通道，相较于经巴拿马运河连接东北亚和北美东岸的传统航线航程缩短约 20%。以上海至纽约为例，经巴拿马运河的传统航线航程约 10500 海里，而经西北航道航程约 8600 海里，可节省约 7 天航时。

（新华社，2017 年 9 月 7 日）

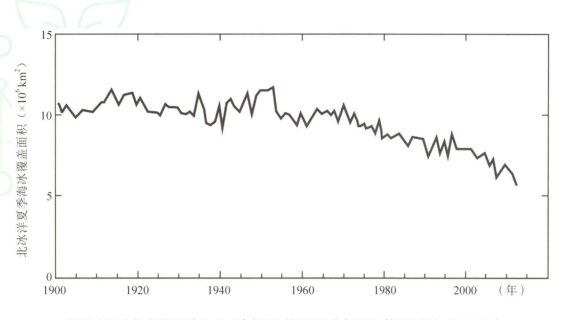

1900 年以来北冰洋夏季（7—9 月）海冰覆盖面积变化（IPCC 第五次报告，2014 年）

　　不过，在关注经济利益的同时，我们也不能忽视人类活动向北极扩张后可能产生的生态系统破坏和疾病问题。随着北极航道的价值日益受到国际关注，北冰洋沿岸很可能发展出新的城市和港口，而这种情况下潜藏着两个巨大的风险。

随着全球变暖，北极的海冰逐渐消失，北极熊无法在海面上捕猎，面临严重的生存危机。

> 永久冻土指多年呈冰冻状态的土石层，分为上下两层，上层在夏季会融化，下层则常年冻结。

一是外来物种对北冰洋和沿岸生态系统的入侵。由于终年冰封，极地地区原有的生态系统较为封闭，但随着北极航道的开通变成现实，人类在极地区域活动范围的扩大，尤其是城市和港口的建立，其他地区的物种必然跟随航船和人类一起进入北冰洋。会有哪些外来物种进入极地圈，它们会引发怎样的连锁反应，以及带来怎样的生态灾难，我们现在还知之甚少。

二是北极永久冻土融化后释放出的古老细菌和病毒。历史上，地球气候曾经历多次冷暖变化，北极地区的永久冻土里就埋藏着不少过去气候温暖期的动物、人类尸体以及细菌和病毒，包括人类历史中曾引起全球性传染病——比如天花、鼠疫、1918年大流感——的那些病原体。永久冻土温度很低，不含氧气，是保存各种细菌、病毒的理想场所。科学家曾经在西伯利亚冻土里发现一种"西伯利亚阔口罐病毒"，这种病毒在冻土层里封存了3万多年，至今仍具有感染性。除此之外，科学家还在俄罗斯的石器时代人类遗体和死于19世纪病毒流行期间的尸体中检测到天花病毒的DNA片段，在阿拉斯加挖掘出的尸体中发现1918年大流感病毒的RNA片段。

北极永久冻土

随着全球变暖，这些永久冻土将不再永久冰冻，而是在快速融化，一些被历史尘封的古老疾病或将卷土重来，2016年西伯利亚发生的炭疽病就是一个典型例子。

全球变暖，古老病毒和细菌会复活吗

全球变暖给地球的整个生态系统带来了巨大变化，两极冻结多年的冻土正在融化。而随着土壤的融化，那些原来处于休眠状态的古老病毒和细菌是否会苏醒过来、重新威胁人类社会呢？

事实上，这样的担忧已经成为事实。在2016年8月，位于西伯利亚冻原的亚马尔半岛上，一名12岁的男孩因感染炭疽死亡，同时还有至少20人也因此住院。

关于引发此次炭疽疫情的最终解释是1941年一头因感染炭疽死亡的驯鹿尸体。它本来深埋在永久冻土层之下，但因为当年夏天出现的热浪，永久冻土融化，驯鹿尸体暴露，并将有感染性的炭疽菌释放到附近的水和土壤中，最终进入食物供应链。这导致附近放牧的2000多只驯鹿被感染，进而导致一些人也被感染。

科学家担心，这并不会是个例。未来会有更多的永久冻土融化。一般情况下，

科学家们第一次记录到南极洲某个地区的永久冻土加速融化的现象

每年夏季浅层的冻土会融化约50厘米。但随着全球变暖，更深的永久冻土正在逐渐暴露出来。

处于冰冻状态的永久冻土是细菌长期保持活力的最理想场所，时间也许可以长达一百万年。这意味着永久冻土中冰层的融化，可能会打开疾病的潘多拉魔盒。

北极圈的气温正快速上升，其上升速度比世界其他地区快3倍。随着冰层和永久冻土的融化，其他感染性因子可能被释放出来。

（《中国科学报》，2017年12月1日）

　　全球变暖还将导致北极地区资源开采的加剧。阿拉斯加、西伯利亚、格陵兰岛等区域都拥有大量的地下矿产、石油和天然气，北极航道的开通必然会大大促进这些地区矿产资源的开采活动。事实上，英荷壳牌石油公司已于 2012 年获准在阿拉斯加大陆架以外海域勘探石油。2013 年 10 月，格陵兰岛议会以 15 票赞成、14 票反对通过一项新法案，取消了对岛上铀矿等核原料的开采禁令。在北极采矿需要挖掘大量冻土——至少是数百万吨的等级，当这些冻土暴露于阳光、空气和雨水中时，潜藏其中的古老病菌很有可能苏醒过来，对人类社会造成巨大威胁，因此人类在进行北极地区的经济活动时应该更加谨慎，因为在情况可控的时候不采取措施加以干预，后果可能是灾难性的。然而历史表明，人类在追求经济利益的时候，往往忽视了对环境的保护，更何况人类对北极地区的生态系统、地球其他地区和极地之间的关系、未来的气候变化以及气候变化将导致的生态系统变化等诸多问题还所知甚少。

　　科学家预测，根据现在大气里的温室气体含量，即使不再增加新的温室气体，全球变暖的趋势还将继续。因此，我们每个人都应该思考这样一个问题：为了保护人类在地球上的生存环境，我们可以做些什么？

 **动动手**

　　从我们的日常生活做起，改变哪些生活习惯，将有助于缓解全球气候变暖，遏制物种灭绝？请制作一份专属于你的清单，列出你可以做出的改变。

	原来的方式	更加绿色环保的方式
交通		
购物		
饮食		
穿着		

附录：古今地名对比

古代称谓	现代称谓
东瀛、扶桑、倭、倭国	日本
新罗、高丽、高句丽、乐浪郡	朝鲜半岛（朝鲜、韩国）
暹罗、堕罗钵底、堕和罗国	泰国
堂明、寮国	老挝
安南	越南
日南障塞	越南顺化灵江口
占不劳山	越南中部会安附近占婆岛
环王国、林邑、占婆国、占城	越南中南部
陵山	越南归仁附近
门毒国	越南归仁
古笪国	越南芽庄
奔陀浪	越南藩朗
军突弄山	越南昆仑岛
骠国、蒲甘、大光	缅甸
邑卢没国	缅甸勃固附近
谌离国	缅甸伊洛瓦底江沿岸
夫甘都卢国	缅甸伊洛瓦底江中游卑谬附近
扶南、真腊、吉蔑、甘孛智、澉浦只	柬埔寨
柔佛、马六甲、满剌加	马来西亚
罗越国	马来半岛南部柔佛附近
苏禄、吕宋	菲律宾
古麻剌朗	菲律宾棉兰老岛
爪哇、三佛齐	印度尼西亚

我要去航海

（续表）

古代称谓	现代称谓
诃陵国、阇婆	爪哇岛或苏门答腊岛
佛逝国、都元国	苏门答腊岛
胜邓洲	苏门答腊岛东北的棉兰附近
婆露国	苏门答腊岛西岸巴鲁斯
葛葛僧祇国	印度尼西亚伯劳威斯群岛之一
个罗国	马来半岛克拉附近
歌谷罗国	马来半岛西岸旧吉打
淡马锡、星洲、蒲罗中	新加坡
勃泥、婆罗乃、婆利、布尔尼	文莱
锡兰、狮子国、师子国、僧伽罗、已程不国	斯里兰卡
溜山国	马尔代夫
天竺、身毒、婆罗多、信度、忻都	印度、巴基斯坦
黄支国	印度马德拉斯附近
婆国伽蓝洲	印度尼科巴群岛
尼婆罗	尼泊尔
安息、波斯、帕提亚	伊朗
黑衣大食	伊拉克
缚达	伊拉克巴格达
忽鲁谟斯	霍尔木兹海峡
屯门山	中国香港屯门
九州石	中国海南岛
象石	中国海南省万宁市东南大洲岛
大秦	罗马帝国及近东地区
麻林国	肯尼亚马林迪

丛书主编简介

褚君浩，半导体物理专家，中国科学院院士，中国科学院上海技术物理研究所研究员，华东师范大学教授，《红外与毫米波学报》主编。获得国家自然科学奖三次。2014年被评为"十佳全国优秀科技工作者"，2017年获首届全国创新争先奖章。

本书作者简介

王张华，华东师范大学教授，长期从事河口海岸带的地质环境演变、海岸带古人类文明与环境变化研究。多次获得上海市科学技术奖、国土资源科学技术奖和中国地质调查成果奖，入选上海市科技启明星计划和教育部新世纪人才计划。在国内外核心刊物发表科学论文100余篇。

图书在版编目（CIP）数据

我要去航海 / 王张华编著. — 上海：上海教育出版社，2021.8
（"科学起跑线"丛书 / 褚君浩主编）
ISBN 978-7-5720-1057-6

Ⅰ.①我… Ⅱ.①王… Ⅲ.①航海－青少年读物
Ⅳ.①U675-49

中国版本图书馆CIP数据核字(2021)第130755号

策 划 人　刘　芳　公雯雯　周琛溢
责任编辑　周琛溢
整体设计　陆　弦
封面设计　周　吉

本书部分图片由图虫·创意提供

"科学起跑线"丛书
我要去航海
王张华　编著

出版发行　上海教育出版社有限公司
官　　网　www.seph.com.cn
地　　址　上海市闵行区号景路159弄C座
邮　　编　201101
印　　刷　上海雅昌艺术印刷有限公司
开　　本　889×1194　1/16　印张8　插页1
字　　数　172千字
版　　次　2021年8月第1版
印　　次　2024年11月第2次印刷
书　　号　ISBN 978-7-5720-1057-6/N·0005
定　　价　65.00 元
审 图 号　GS（2021）4395号

如发现质量问题，读者可向本社调换　电话：021-64373213